青春文庫

短い時間で面白いほど結果が出る！

他人の頭を借りる超仕事術

臼井由妃

青春出版社

はじめに

仕事の2割に集中すると、あとは勝手にまわりだす！

世の中で「働き方改革」が叫ばれるなか、

「残業を減らせと言われても、仕事が終わらない」

「せっかく片づいたと思ったら、次の仕事を持ち込まれる」

と感じている人は多いでしょう。

販売や営業、接客業などでは、慢性的な人出不足で、仕事量は増えるばかり。

専門職や管理職であっても、その例外ではありません。

社内での仕事時間は減っても、自宅に持ち帰り休日返上で、仕事をこなしているという方もいらっしゃるでしょう。

しかし、今の働き方をいつまで続けるのでしょうか。

一生懸命頑張っているのに、報われない――。

それが多くのビジネスパーソンの実感ではないでしょうか。

☆他人の力を借りるほど、生産性が上がる！　成功スピードが上がる！

しかも、いつまでも同じ仕事を繰り返していては、人は成長しません。目先の仕事に追われるままでは、キャリアアップのチャンスを逃します。

これからは代替性のない仕事を行っていかないと、機械やより安い労働力にとって替わられて、仕事がなくなる事態も考えられるのです。

仕事ができる人は、仕事を全部自分でやらない人、仕事を抱え込まない人。経験則ですが、**仕事量の8割ほどを人に任せ、残りの2割の仕事に集中する人が大きく成長するのです。**

これを私は「**成功者の8：2の法則**」と呼んでいます。

事実、私の周囲には数多くの成功者がいますが、彼らのすべてが、部下や同僚、上司や外部スタッフをはじめとする他人の力を借りています。任せられる仕事はどんどん人に任せて、自分は新しい仕事に取り組み、人脈を広げ、より大きな成功をつかんでいます。

実は**どんなに忙しい人でも、優先順位が高く、かつその人にしかできない仕事は、全体の2割しかありません。**

逆を言えば、あなたはその2割の仕事に専念すればいいのです。

自分の時間に限りがあるならば、あなたの能力を最大限に活かすことに徹底的に使ったほうが、成果は確実に上がります。

その結果、仕事が早く片づき、あなたには自由な時間がもたらされ、やりたいことができる。

時間に追われることなく、あなたにとって価値ある時間が生まれるのです。

☆無駄を「減らす」発想から、頭を「増やす」発想へ

とはいえ、

「いやいや、8割も人に任せるなんて無理、無理」

「自分の仕事は2割だなんて、怠けているみたい」

そう思われるかもしれませんね。

そこで本書で注目していただきたいのが、人に仕事を任せるのがうまい人は、任せた相手を振り回して「時間を奪う」「仕事を押しつける」のではなく、

「他人の頭や時間、情報を上手に借りている」

という事実です。

これからご紹介する「コツ」を知れば、任せられた相手はそれを「信頼の証」だと解釈し、信頼に応えようと、自分一人でやる以上の成果を出してくれます。

任されることで人は伸びていき、あなた一人で仕事を回さなくても、勝手に回りだします。

これまで私たちは、仕事の効率を上げるためには、「無駄な仕事を減らす」と

いう発想で問題を解決してきました。

しかし、**仕事量を減らすという「マイナス発想だけ」では、今の仕事環境を好転させ、劇的に成果を上げることには限界があります。**

これからは、**力を借りられる人を探す、知恵袋を増やす、他人の頭を借りるという「プラス発想」が必要なのです。**

本書は、仕事術・時間術の先駆的一冊としてご評価いただき、多くの方に読んでいただいた『仕事の8割は人に任せなさい』を時代に合わせて大幅に加筆し再構成。いつも手元に置き読んでいただけるように文庫化したものです。

どんな方法をとれば、面倒なことにならずスムーズに進められるのか、あなたにしかできない2割の仕事を見出し、集中して行えるのか。

こうした疑問への答えは、本書でたっぷりとお話しししていきます。

臼井由妃

目次

第2章
まず、「自分の棚卸し」で、あなたにしかできない2割の仕事を見出す
——「丸投げ」と「仕事のブレ」を防ぐ5つのステップ

第3章　仕事の8割は、こうして人に任せなさい
――他人の頭と時間を上手に借りるちょっとした工夫

第4章 人を巻き込むほど、より大きなチャンスをつかめる！

――まわりから「応援される人」の共通点

第5章 最短で最大の成果を上げる自分マネジメント術
――「時間」「お金」「情報」「人脈」の密度を高めるコツ

本文デザイン・ＤＴＰ　リクリデザインワークス

第1章

面白いほど結果が出る人は、任せ方が違う

――「自分でやったほうが早い」と一人で頑張る落とし穴

一人で頑張っても成果は出ない

はじめに、なぜ私が、

「人に任せる＝他人の頭を借りる」

という発想にたどり着いたのか、その経緯からお話ししましょう。

実は、私自身、一生懸命頑張っているのに、成果が出ない。そんな働き方をしていた一人でした。

33歳のとき、28歳年上の会社経営者の夫と知り合って結婚した私は、当初これで何不自由ない生活が約束されたとすっかり安心していました。専業主婦として、夫の世話をかいがいしくしていればすべてうまくいくと思っていたのです。

ところが、夫は新婚3カ月目に末期ガンの宣告をうけることに。跡継ぎもなく、会社には後継者も育っておらず、夫に代わって会社を経営する者は私しかいません。

そこで、夫の病気を機に、知識も経験もない私が経営者のイスについたのですが……。就任早々、古参の社員が商品の横流し事件を起こしたり、取引先が相次いで倒産したりと、悪いことばかりが続きました。

さらに、夫から引き継いだ会社には3億円近い負債があることが分かり、一刻も早く事業を立て直すには、仕事を選ぶ余裕などありませんでした。

誰も信用できない、自分一人が頑張るしかないと、たくさんの仕事を抱え込んでいたのです。

「誰かに仕事を任せるのは、説明に時間がかかるうえに、面倒くさい」

「自分がやったほうが早い」

その結果、心身を消耗して顔面神経痛と円形脱毛症を患い、一時は人前に出られない状態になりました。一日12時間以上、寝る間も食事をする間も惜しんで働きましたが目の前にある仕事を片づけるのに精いっぱい。人間関係もトラブル続きで、私の努力とは裏腹に成果は芳しくなかったのです。

そんな苦しい状況から脱け出したくて、いろいろ模索しました。その結論が、きちんと段取りを押さえて任せると、相手はイヤな顔をするどころか、「仕事を任せてもらえた」と、かえってやる気になって仕事に打ち込んでくれるということ。

詳しい話は後述しますが、**他人の頭をどう使うかで結果が変わる**のです。

このことに気づいてから、私の日常は激変しました。

それまで、時間に追われて将来の展望を考えることもなく、目の前の仕事をこなすことだけ考えていた私が、確かな目標を持てるようになったのです。

できた時間に資格の勉強をしたり、スキルアップや人脈を広げるために使ったり。「時間がない」「忙しい」と愚痴ばかりだったのが嘘のように、ワクワクしながら仕事をするように変わったのです。

心から私を応援してくれる人や、信頼してくれる人もできて、仕事も順調になっていきました。

仕事を抱え込むと、人も、信頼関係も、自分が成長する機会も育たない

「自分でやったほうが早い」と思っていませんか

「自分がやったほうが、早い」

この当時の私の考えは、今振り返ってみると、そう思わないと、自分の能力に不安感を抱く。仕事を横取りされ、自分の立場が危うくなる。そんな危機感があったのかもしれません。

その他、「自分がやったほうが早い」と思う背景には、「自分が知っているやり方が正しい」という刷り込みもあるでしょう。

しかし、ビジネス社会は、この十年ぐらい凄まじい勢いで変化しています。仕事のすべての領域で最新のやり方を把握している人など、存在するはずなどありません。

いま理解していることが、半年後には使い物にならない手法になったり、得意にしている仕事が誰でも簡単にできるものに変わったりしている時代です。

逆に、どんどん他人の知恵を借りたほうが「仕事が早くなる」「好ましい成果が出る」といえるでしょう。


ビジネスの現場では、多岐に渡ってアドバイスを授けてくれる人がいます。たとえば、税理士や社会保険労務士など、コンサルタント業務に関わる人は、「へえ～知らなかった」という知恵やアイディアを持っているものです。

そんな彼らから、何か意見をもらったとしましょう。

「それくらいのことは私も知っている」などと、思うのは独りよがりで成果が出せない人。一方、知っていることだとしても、より確かで最新な情報をプロから聴きたいと、耳を傾ける人は成果を出し続ける人です。

その道のプロには、経験に培われたビジネスセンスがあります。

技術者、研究者、営業職、販売職……ビジネスの現場の第一線で活躍する「プロ」と、異なる分野で仕事をするあなたが、同じ立場で張り合おうなんて試みるのは、無駄というもの。

もちろん、社内でも同じです。「企画力抜群の田中部長」「営業センスナンバーワンの山下課長」「計数管理ならば、下条さん」というように、あなたの周りにもその道の「プロ」がいるでしょう。ある意味バカになって、彼らに、「よくわからないのです」「教えてください」「力を貸してください」と、どんどん頭を借り、知恵を吸収すればいいのです。

頭のいい人は、相手から知恵や手法を取り込もうとする。相手の頭を借りて、物事をスムーズに解決しようとするものです。

ビジネスは生き物。ある局面では部長のやり方がベストであっても、別の局面ではまったく正反対の課長のやり方のほうがうまくいくこともあります。

他人の頭をどんどん借りましょう。すると、自然とあなたは知恵者になって、仕事の効率もアップします。

頭のいい人は、相手から知恵や手法を取り込もうとする

他人の力を借りられる人ほど成功する

他人の頭を借りて仕事をする、他人の力を借りられる人ほど成功すると、私は断言します。それは、何人もの成功者を見てきた経験からです。他人の頭を借りられる人ほど、瞬く間に成功の階段を上っていくと言ってもいいでしょう。

婦人服の販売を手がけるA氏は、今でこそ年商数十億円を稼ぎ出していますが、15年ほど前までは売り上げ低迷にあえぐ経営者でした。

彼は誰よりも早く会社に出社し、掃除をして社員を迎える。

社員から見れば「仕事熱心なのは分かるが、煙たい存在」として、受け取られていました。

こんな彼ですから、社員のミスを許せず、失敗をいつまでも問い詰めるところもありました。

そんな彼に、社員は心を開いて近づいてはきません。触らぬ神にたたりなしを決め込んでいた節があります。

彼の口ぐせは、「私がいなければ会社は3日ともたない」でした。

自分の力があればこそ、会社の経営が回っていると思っていたのです。

そんなある日、彼は交通事故に巻き込まれ、全治2カ月の重傷を負ってしまいました。

仕事のことを考えると、病院のベッドでおちおち寝てもいられません。売り上げはどうなるのか、仕事の段取りはどうつけるのか、資金繰りは、仕入れは……。

2カ月も自分が休んでいたら、会社は倒産してしまうと思ったそうです。

そうはいっても、身動きひとつ取れない身。しかたなく社員の一人を急遽責任者に決めて、仕事の段取りをまとめたマニュアルを渡し、自分の入院中の仕事の段取りを説明しました。

毎日やるべき仕事や週の終わりにやるべき仕事、お客様への対応などをリストアップし、優先順位のつけ方もアドバイスしたのです。

そして……リストをつくっている最中に、いかに自分は余計な仕事をしていたかが、分かったそうです。

それまで自分でやるべき仕事と任せるべき仕事の見極めがついていなかったことも理解したと言います。


2カ月後、会社はどうなっていたと思いますか。

倒産どころか、売り上げは15％もアップし、社員は嬉々として働いている。彼が抜けた穴を埋めようと、社員が一丸となって仕事をしていたのです。それまで積極的に意見を申し出ることがなかった人が営業戦略を提案したり、新商品を企画する。

やる気に満ち溢れた会社に生まれ変わっていたのです。

復帰した彼は、そんな社員を見て思ったそうです。

「もっと早く社員を信頼して仕事を任せていればよかった」と。

以後、彼は自分がしていた仕事を社員に委譲して、仕事の8割は社員に任せました。

お金や人事、会社の方向性などに関わる残り2割の仕事だけを行っています。自由になった時間には、商品のアイディアに思いを巡らせたり、人に会ったり。知識や情報の入手、勉強と有意義に時間を使っています。

驚くべきことに、売り上げは15年前の3倍になりました。

Aさんの他にも、急成長を続ける会社の経営者や短期間に昇進するビジネスパーソンには、人に仕事を任せることが上手な人が多いのです。

任せる相手の能力を開花させて自分も輝く。お互いが高め合っていい結果を生む。

自分一人で仕事を抱え込み、心身ともに疲れ果てるのか、他人の頭を借り「任せ上手」になって周囲に喜ばれ、自分もラクになって成功するのか。答えは、明らかではないでしょうか。

成果を出し続ける人は、「他人の力を借りられる人」

仕事の8割は人に任せる！「8対2」の成功法則

どんな仕事もすべて重要なわけではありません。ある人には重要な仕事であっても、あなたにはついでの仕事にすぎない場合もあります。

経験則ですが、あなたにしかできない重要な仕事は全体のおよそ2割しかありません。

これは19世紀のイタリアの経済学者ヴィルフレド・パレートが発見した「パレートの法則」によっても明らかです。

パレートの法則とは、たとえば「売り上げの8割は上位2割の営業マンが占めている」「売り上げの8割は2割の優良顧客が占めている」というように、さまざまなデータによっても証明されています。

この法則を、人に仕事を任せることに当てはめて考えてみましょう。

まず、次のような種類の仕事ではどうでしょう。

部下に経験を積む機会を与える仕事、あなたが出席をためらう集まり、自分以外の人でもできる仕事、人に任せたほうが費用対効果の高い仕事など。

極論を言えば、あなたが急病で1カ月会社を休む場合に、他の人でも何とかさばける仕事は、人に任せてもいい仕事です。

私がこの事実に気づいたのも、先に述べた、顔面神経痛でやむなく会社を休まざるをえなくなったのがきっかけでした。

仕事を人に任せる場合には、管理者としての責任範囲は常に意識してください。

たとえば、仕事全体の計画づくり、方針決定、目標設定、予算設定や管理、機密性が高い仕事などです。

こうしてみると、いかに人に任せられる仕事が多いかということに気づくはずです。

仕事ができる人は、無意識であっても自分にしかできない2割の仕事を吟味し、きわめて重要でかつ緊急な仕事から集中して行っています。

自分にしかできない仕事であっても、すべての仕事に全力を尽くすのではなく、緩急をつける。あえて、一生懸命に仕事をしないで、ゆったり構えていることもあります。

100%の力で行動していると、他のことが目に入らなくなって、答えは一つしかないと考え、仕事に余裕がなくなり行き詰まりを感じてしまうからです。

自分にしかできない2割の仕事を、8割の力で行う余裕があなたの可能性を広げるともいえるのです。

あなたしかできない2割の仕事を見つけるのが成功の秘訣

結果を出す人は「他人の頭を上手に借りるしくみ」をつくる

他人の頭を借りられない人の多くが、「相手の時間を奪うのが申し訳ない」という思いと同時に、「他人の仕事を助けても、あまり評価されないのだから、手伝ってくれるはずもない」と考える傾向があります。

「相談しても取り合ってもらえないのではないか」

「誰しも忙しいのだから……」と、遠慮してしまうのは分かります。

しかしこれらは、コミュニケーション不足から生まれる自己規制です。

また「助けを求めるのは、自分の負けを認めること」だと考える人も見受けられます。

仕事において、人の助けを借りることは「負け」ではありません。

「他人の頭を借りる」ことは、甘えることや依存することとは違うのです。

人にはだれでも、得意や苦手、強みや弱みがあります。

好調なときがあれば、不調なときもあります。

完璧な能力と運の持ち主など存在するはずもありません。

そんな個性溢れる、均質ではない人間が集まっているのが、ビジネス社会。多様な個性や能力を組織することによって、仕事を進めていくのが会社です。

だからこそ、「個々の強みや弱みや状態を見える化」する。

お互いに足りない能力を補い合い、強化し合う力が日常的に働くようにするための手段が必要なのです。

「人の頭を借りる」というのは、自分の強みと弱みを知ったうえで、弱い部分をさらけ出す。

他人の頭を借りることは、自発的な協力でありチームプレーの基礎になっていく積極的な手段です。

人は、誰かの役に立つことが自分の動機や喜びになる。その関わり合いに意味を感じるものです

助け合う＝他人の頭を貸し借りすることは、単に必要な知識や知恵、ビジネスセンスの譲り合いといったこと以上に、楽しいことなのです。

社内で、相談できる関係を構築する、上下環境にとらわれない話し合いの場を設ける、部署間の壁を取り払う……「他人の頭を借りる」には、まず本音でお互いの弱みも強みも見せ合って、理解しあうことが基本になります。

大手のアパレル会社を経営する友人は、一月に一度、管理職を外してアトランダムに選んだ社員7名と、ランチを共にしながら、自由に意見交換をしています。

このランチ会は、10年（１２０回）以上続いていますが、そこから社員の特性や能力を見出したり、部署の問題点や課題などをとらえて仕事が円滑に回る「しくみ」を作ることに成功しました。

服飾デザイナーの友人S氏は、長年「忙しい」が口癖でした。

私は仲がいいこともあって、「自分がやったほうが早いなんて考えるのは傲慢よ」「任せることができない人は、自滅する」などと、辛辣な言葉を時に浴びせていましたが、仕事を抱え込むことに限界を感じたのでしょう。

最近では、社外にアシスタントを置き、彼が関わらなくても済む仕事はアウトソーシングし、繁忙期には協力工場の職人さんの力を借りて、仕事を進めています。

雑務から解放され、彼にしかできない仕事に集中して取り組んだ結果、売り上げは5年前の2倍に跳ね上がりました。

「ラクにならないと成果はでない」

そう、しみじみ彼は言います。

賢い人はラクして成果を出す「しくみ」をもっている

仕事量を整理すれば、ワンランク上の仕事ができる

仕事を抱え込まず、短期間で成果を出す人は、仕事の量についてシンプルに整理しています。

量が多ければ、①減らす　②平等に分ける　③一部を任せる　など、常に問題意識を持っているのです。

そして、「自分がやったほうが早い病」を解決するポイントは、意識改革をすることと、正しい方法を積極的に取り入れていく。

この2点に尽きます。

仕事を抱え込むことは異常事態であって、仕事ができる人になりたいならば、やるべき仕事を意識して就業時間中に、必ず終わらせる。

残業はしない。仕事の持ち帰りや、休日出勤なんてもってのほかと考えましょう。「サービス残業」と称して会社に残って仕事をしている人は、会社に貢献しているのではなく、「会社の利益を奪っていく泥棒」です。

シンプルに考えるだけでも、電気、冷暖房、電話、ファックス、パソコンなど余計に使う。会社のお金をそこに支払うことになるのですから、無駄遣いでしょう。

それに喜んで「サービス残業」する人などいませんから、ため息をつき不平不満を漂わせながら仕事をするのがオチ。

これで成果が出るわけもありません。

意識改革の第一歩は、ビジネスの現場でまかり通っている常識を疑うことから始めたらいかがでしょうか。

そのうえで、仕事を抱え込まないためのアイディアやしくみ、システムなど、仕事の一つひとつの見直しに取り組んでいくことをお勧めします。

なかでも、いつも同じレベルの仕事をこなすのではなく、あなたの仕事の8割は人に任せ、残った2割の仕事に集中する環境をつくることが重要です。すると、仕事を抱え込んでいたときには気づかなかった問題点やアイディアが見えてくるようになります。

そこを徹底的に追求すると、自然に仕事の質が高まり、あなたにしかできない、あなただからこそできる仕事に成長していけるのです。

努力や根性だけでは、結果は出せません。

具体的にアイディアを練り、期限を決めて動きだしましょう。

伸びる人、加速成功する人ほど、頭を使い、意識や行動のブレを絶えずチェックしています。

仕事ができる人は、シミュレーションする時間を大切にしているのです。

2割の仕事を集中して行うと、自然に仕事の質が高まっていく

他人の時間を奪う！
やってはいけない任せ方

他人の頭を借りる方策に「任せる」と「頼む」があげられますが、両者は似ているようで、意味は大きく異なります。

「任せる」が、他人へ全幅の信頼を寄せなければ行えないのに対して、「頼む」は、それほどの信頼関係がなくても成立する行為です。

任せるが信頼の証とすれば、頼むは親しみの証。

人に仕事を任せるには、

①任せられる人を見極める力が備わっている
②任せる仕事のノウハウや段取りをしっかり把握している
③任せる人を育てる能力が備わっている

④任せた仕事の最終責任やリスクを負える力が備わっている
⑤時間的な余裕がある
などの条件が必要です。


そして仕事を任せる際には、人間としての器が試されると考えてもいいのです。

一方、人に仕事を頼むのは、これほどの条件は必要とされません。

「ちょっといいかな?」「少し手伝ってくれない?」など。

「ちょっといい?」とか「少しだけ」というように、相手の負担にならず自分も言いやすい。

頼む相手は、必ずしもその人でなくてもかまいませんし、頼む側も万が一相手に断られたら別の人に頼むからいいや、といった心づもりがあります。

任せる際のハードルの高さに比べ、頼むことのハードルは低く、人間関係が希薄な相手であっても声をかけやすいのです。

経験則ですが、上司が「ちょっといい?」と話しかけるときは、上司には大切なことであっても、部下にとってはたいしたことではない場合が多いといえます。

部下に確認を取ったり、上司の思いつきを話したり。

上司から見れば、部下よりもはるかに重要な仕事をしているという自負がありますから、正確を期する意味で何度も確認しておきたい。

自分の能力や仕事ぶりを見せて上司として尊敬されたい……。そんな気持ちからの「ちょっといい？」なのです。


「ちょっといい？」が本当にちょっとですむことなど、ありません。

少なくとも5分、長ければ1時間を超えることもありえます。

これは、他人の時間を奪う行為です。

せっかく仕事に乗ってきたというときに、上司の「ちょっといい？」のひと言でブレーキがかかりペースダウン。

調子が狂い、仕事が停滞することもあります。

「ちょっといい？」は、むやみに使ってはいけない言葉。

そして任せ下手な人ほど、「ちょっといい？」を使いたがる傾向にあります。

仕事を頼む際でも任せる場合にも、絶対に「ちょっといいかな?」と口火を切ってはいけません。

「どうせたいしたことではない」と、はなからいいかげんに受け取られ、あなたが、大きな責任やリスクを負わされるハメに陥るかもしれないからです。

また「ちょっといいかな? ○○をやっておいて!」というような、丸投げはもってのほかです。

「私は雑に扱われている」と、誰しも思うでしょう。

段取りや納期が明示されない「丸投げ」ならば、最悪。

面食らうだけで、いい仕事ができるはずもありません。

私が仕事を人に任せるならば、落ち着いた環境を選び、ゆったりとした口調で話しかけます。

「○○さんだからお願いしたいのですが」

「○○さんにしかできない重要な仕事なので」と。

仕事を頼むときのように、誰でもいい、万が一断られても他の人がいるから、という気持ちは微塵もありません。

その人の価値を認める話し方に、徹します。

任せるとは、あなたに代わって働いてくれる手を増やすこと。

いわば、もう一人のあなたを作る大変な作業ですから「ちょっといいかな？」では許されないのです。

「ちょっといい？」が口ぐせの人は、仕事を任せられない人

「他人の頭を借りる」から生まれる8つの意外なメリット

他人の頭を借りると、どんなメリットが生じるのか。順に説明していきましょう。

①他の重要な仕事を行う時間が生まれる

中長期的な視野に立ったビジネス戦略を立てる、目標や方針を設定する、現状を把握し、目標とのブレをチェックするなど、あなたにとって重要な仕事に専念する余裕が生まれます。成功するための自分に投資できる時間が生まれ、仕事の質も高まっていきます。

②コストの削減につながる

時間価値（1時間あたりのその人のコスト。第5章参照）に見合った仕事とは何かを考えることになり、結果的にそれぞれの仕事をもっと低コストで行えるようになります。

ただし、時間価値（時給）の高い人は面倒な仕事や生産性の低い仕事をするな、と言っているのではありません。

能力を磨くためには、面倒で苦手な仕事も経験しなければいけません。

そういう場合には、無意味に時間をかけたり、イヤイヤ行って周囲に悪影響を及ぼすことがないように、最善の方法を考えてください。

③仕事上のミスが減る

他人の頭を借りる＝人に仕事を任せることに抵抗がある人にその理由を尋ねると、「任せてもきちんとできるか、不安で仕方がない」「ミスを連発して、自分が尻拭いしなくてはいけないのではないか？」「ビジネスの現場が混乱する」といった声を耳にしますが、実際はまったく逆。

任せる人をきちんと見極め、日ごろから教育しておけば、あなたが不在のときでも彼らはきちんと仕事をやり遂げることができます。

仕事を抱え込んで優先順位を間違えたり、納期に間に合わなかったり、ビジネスの現場を混乱させているのは、あなたのほうなのです。

それに、きちんとできるかどうかは、経験させなければ答えは出ません。

人は不慣れな仕事ほど、真剣に注意深く行うものです。

仕事に慣れたあなたよりもミスが少なく、うまくできる場合も十分考えられます。

④部下が育つ

あなたが重要でないと感じる仕事であっても、別の人には重要で価値がある仕事と感じる場合も多いのです。

最初は簡単な仕事から任せ、少しずつ自信をつけさせた部下は、プロ意識や仕事への満足感を高めていきます。

⑤信頼関係ができる

任せた相手とあなたで協力しながら仕事を行うことで、人間関係が豊かになります。

「自分を信頼してくれているから仕事を任せてくれたのだ」と、相手は心を開いてあなたに接してきます。あなたも素直な気持ちで迎えることができるはず。

協調的ムードが生まれて職場も明るくなります。

⑥トップとしての振る舞いが身につき自分のスキルが上がる

他人の頭を借りるには、あなた自身がその仕事のノウハウをしっかり把握していなければいけません。

また、ノウハウを上手に説明できる、伝える力を備えていることも不可欠です。そうでなければ相手は混乱するばかりです。

話し方、伝え方、アクション、目配り、気配りなど、人に仕事を任せることで、将来トップになったときに役立つ振る舞いを実践的に学ぶことができるのです。

⑦自分を客観的に見ることができるようになる

仕事のできる人は、常に冷静な判断力を持ち、自信はありますが、決して傲慢にはならないものです。自分を過大に評価しない代わりに卑下もしません。

感情に流されることなく、目標に向かって邁進する。

そんな行動ができるのも自分を客観的に見る目があるからです。

他人の頭を借りる、人に仕事を任せる際は、自分の仕事のやり方や考え方を見直すチャンス。

自分の欠点や長所を知り、あなた自身も成長できるのです。

⑧ストレスから解放される

仕事を抱え込みすぎると、知らないうちに心身のバランスを崩してしまいます。頑張りやのあなたなら、「まだ大丈夫」と、どんどん自分を追い込んでいきます。取り返しのつかないことにならないように、「一生懸命に頑張る自分」を疑ってみてはいかがですか。

余裕のない人には、誰も魅力を感じません。ストレスから解放され、やりたいことに集中して取り組むあなたのほうが、何倍も魅力的です。

これら8つのメリットは、ビジネスパーソンとしてだけでなく、人として備えておきたいポイントでもあります。

「他人の頭を借りる」「任せる」ことで、これだけのメリットがあなたのものになるのです。

それでもあなたは他人の頭を借りること、任せることをためらいますか？

任せることで、効率がアップする、人が育つ、自分のスキルが上がる

第2章

まず、「自分の棚卸し」で、あなたにしかできない2割の仕事を見出す

——「丸投げ」と「仕事のブレ」を防ぐ5つのステップ

どこまで任せるかで、自分の問題点が見えてくる

「人に仕事を任せること、他人の力を借りることのメリットはよく分かった」

「でも現実にはできない。理想ではあるけれど」

こんな声が聞こえてくるのは、もっともです。

私自身、任せる相手の顔色を窺《うかが》い、言葉を選んでも言い出せない。声をかけたものの、うまく仕事の指示ができず、思ったような成果も出ない。病気になり現場に出られない状況になって、初めて仕事を人に任せることができたのですから。

しかし、仕事に追われるなかでも、「こんな仕事がしたい！」「こんなふうにお金持ちになりたい！」「こんな生活がしたい！」と思うことがあるはずです。

そんな夢や希望や目標を、忙しさを理由に無理やり現状に満足しようとしていませんか。

せっかくあなたに「こんな仕事がしたい」とか、「こんなふうになりたい」という心が芽生えたのに、それをあっさり諦めてもいいのでしょうか。

もちろん、気まぐれで行動することは大きなリスクを秘めていますし、周囲に迷惑がかかることも多い。あなたの言動で窮地に陥る人もいるかもしれません。

ただ、あなたが「○○をしたい！」と考えることには、意味があるはずです。それを、忙しさや時間のなさを理由に、諦めるのはあまりにももったいないことです。

諦める前に、自分の心に問い直してみたらいかがでしょうか。今の自分にしがみついているのではないか。動き出せないのは、変化を怖がっているだけではないか……。

先日、あるマラソン選手から面白い話を伺いました。

「レース中、何度も苦しくなる。もうやめたいと投げ出したくなるとき、斜め後ろから見ている自分が、それでいいのかと声をかけてくれる」

冷静なもう一人の自分を育てて、自分のレースを判断させるというのです。

人に仕事を任せられない。任せられないから、余裕がなくてやりたいことができない。そんな毎日を続けていることに疑問を持つなら、あなたは現状を変えることを心から望んでいるのです。

そういったときこそ、成長できるチャンス。今の自分に何が足りないのか、何が得意で、どう生きているかを見つめることで、本当に自分がやりたいことが分かり、行動に弾みがついていきます。

「自分棚卸し」ともいえるこの作業は、自分を客観的に見つめることで、あなたの意識や考え方、行動、時間に対しての観念や人への接し方などをあぶりだしていくのです。

次項のテストをぜひチェックしてみてください。

本当のあなたが分かるはずです。

自分の問題点を知らない人に、成功戦略は立てられない

「自分棚卸し」であなたの生産性をチェックしよう

次の45項目のリストは、あなたがどれだけ生産的な仕事をしているのかを明らかにするもの。客観的に自分を見つめることで、あなたの問題点も分かってきます。

各質問に対しては、「1 まったく当てはまらない　2 あまり当てはまらない　3 どちらでもない　4 やや当てはまる　5 非常に当てはまる」までの5段階で自分を評価してみてください。

【信念】

①人生で一番大切なものは何かを常に意識している	1	2	3	4	5
②仕事で成功するための目標を立てている	1	2	3	4	5

③仕事上の責任とやるべきことを把握している	1	2	3	4	5
④仕事もプライベートも充実している	1	2	3	4	5
⑤完璧主義に陥らないように気をつけている	1	2	3	4	5

（信念　　点）

【行動】

①スケジュールを1日、1週間、1カ月ごとに立て検討している	1	2	3	4	5
②スケジュールは締め切りから逆算して決めている	1	2	3	4	5
③他人の仕事には必要のない限り手を出さない	1	2	3	4	5
④上司にもはっきりと「ノー」が言える	1	2	3	4	5
⑤仕事は優先順位を決めて取り組んでいる	1	2	3	4	5

（行動　　点）

【仕事環境】

①仕事の邪魔をされないように工夫をしている	1	2	3	4	5
②周囲の仕事の状況も把握している	1	2	3	4	5

③自分の欠点を理解し、直そうとしている	1	2	3	4	5
④仕事を任せられる人を見つける努力をしている	1	2	3	4	5
⑤自分の仕事に直接関係のない会議や情報に時間を取られないようにしている	1	2	3	4	5

（仕事環境　　点）

【情報管理】

①情報は捨てることを前提に収集している	1	2	3	4	5
②机の引き出しや物入れの中身を把握している	1	2	3	4	5
③資料や書類の類はシンプルに整理してある	1	2	3	4	5
④机の上を散らかさないようにしている	1	2	3	4	5
⑤メールや携帯電話、パソコンを駆使している	1	2	3	4	5

（情報管理　　点）

【自制心】

①ストレスに強い	1	2	3	4	5
②自分が最も効率よく働ける時間を知っている	1	2	3	4	5
③ユーモアのセンスがある	1	2	3	4	5
④スケジュールは人に決められるよりも自分で決めたい	1	2	3	4	5
⑤トラブルに動じない	1	2	3	4	5

（自制心　　点）

【時間管理】

①いつも定時に会社を出る	1	2	3	4	5
②スキマ時間を有効に使っている	1	2	3	4	5
③オンとオフの切り替えがきちんとできている	1	2	3	4	5
④約束の時間に遅れることはない	1	2	3	4	5
⑤自分の時間コストを知っている	1	2	3	4	5

（時間管理　　点）

【集中力】

①文章を読むのが速い	1	2	3	4	5
②あれこれ手を出さず、最優先の仕事に集中できる	1	2	3	4	5
③仕事に没頭すると周囲の雑音は気にならなくなる	1	2	3	4	5
④やらなければいけない仕事のリストができている	1	2	3	4	5
⑤集中力を高める（取り戻す）方法を知っている	1	2	3	4	5

（集中力　　点）

【マネジメント能力】

①部下や同僚などの性格や能力を把握している	1	2	3	4	5
②任せられる仕事はできるだけ人に任せている	1	2	3	4	5
③仕事の納期を厳守している	1	2	3	4	5
④意味のない会議や慣例をなくす努力をしている	1	2	3	4	5
⑤職場のコミュニケーション作りに気を配っている	1	2	3	4	5

（マネジメント能力　　点）

【エネルギー】

①時には自分を甘やかす	1	2	3	4	5
②十分に運動をしている	1	2	3	4	5
③休日はきちんと取っている	1	2	3	4	5
④適切な睡眠時間を確保している	1	2	3	4	5
⑤健康的な食生活を心がけている	1	2	3	4	5

（エネルギー　　点）

さあ、あなたの結果はどうでしたか？

（201〜225点）

あなたの生産性は素晴らしいものがあります。周囲の人にあなたの仕事のやり方を広めましょう。これからも工夫を忘れずに、必要に応じて細かな調整をしてください。

（161〜200点）

やや改善すべきところがあります。あなたは、ある程度の成果を上げている人ですが、満足のいくレベルではないはず。点数が低かった部分をとくに改善しましょう。

（121〜160点）

効率よく働いている生産性の高い人とはいえません。点数の低かった部分の中でも、とくに気になるところから改善していきましょう。

（81〜120点）

仕事のやり方、考え方の総点検が必要です。本書を読んで、今すぐできるところから取り入れてください。一つできれば自信が生まれ、あなたの毎日が変わっていきます。

（45〜80点）

生産性の高い仕事とはほど遠い人。あなたの仕事ぶりは、ムダ、ムラ、ロスだらけといってもいいでしょう。その場しのぎの仕事のやり方を早急に改めないと、体を壊すか、クビになるかもしれません。

仕事は頭でするもの。努力や根性だけではどうにもならないことがあると、肝に銘じましょう。

チェックリストの中で点数が低かった部分があなたの問題点です。各部分の要点は、

信念――目標を定め、計画を立てる
行動――仕事のムダを省く
仕事環境――仕事のムラをなくす
情報管理――机の上や引き出しを整理し、ビジネスツールを使いこなす
自制心――ストレスに対処し、不安を取り除く

時間管理――時間を賢く使う
集中力――やるべき仕事に没頭する
マネジメント能力――管理者としての視点を持つ
エネルギー――オンとオフのバランスを保つ

とくに点数が低かった部分を意識しながら、これからお話しする、人に仕事を任せるための具体的方法を読み進めてください。

点数が低かったあなたは、最初から完璧を目指してはいけません。そうでないと、またいつもの繰り返しです。

ストレスになるようでは、人に仕事を任せることが習慣として定着しません。

あなたの問題点をチェックした上で、人に仕事を任せよう

第1のステップ

現状認識

何を任せるか

人に仕事を任せるといっても、何の準備もなしに「これ、お願い！」と振ってしまったら、相手はなぜ自分に任せるのか、その目的も意図もつかめません。

単純に、ラクをしたいから、面倒だから仕事を任せるのだと取られるのは確実ですし、なぜ、任せる相手が自分なのかの見当もつきません。

仮に、相手の能力や才能を見込んで仕事を任せるのであっても、相手は「任せやすかったからかな？」「言うことを聞くやつだと思われたのか」と、いいようには受け取らないでしょう。

人に仕事を任せるには、きちんとした準備と理由が必要なのです。それが整っていないものは任せることにはならず、「丸投げ」になってしまいます。

その場しのぎの行為で終わり、あなたにとっても相手にとっても悪い印象が残るだけです。せっかく仕事を任せることに踏み出そうと決意したのなら、準備が肝心です。

しっかり計画を立て、日常の仕事の基盤をきちんとつくる。さらに目標を定める必要があります。目標のない仕事は、方向性がぶれたり、目先の利益につられて、本来やるべき仕事を見失ったりして、結局、評価も受けず失敗に終わることが多いものです。

目標を明確にすることで、行動が一本芯の通ったものになり、時間に支配されるのでなく、あなたは思い通りの人生を生きることができるようになるのです。

第1のステップ（現状認識）として、まずは、あなたの仕事は会社の役に立っているかどうかを確認します。

次ページを参考に、あなたの仕事の中で大切なものから、順番に10項目を書き出しましょう。上司になったつもりで客観的に見つめてください。**仕事を人に任せるには、どんなところにあなたの時間や能力を注ぐべきかを知っておく必要があります。**

そうして書き出したものと、あなたが日々行っている仕事は合致しているでしょうか？

求められるものを理解しなければ、スケジュールを組んだり優先順位を決めるのも難しくなります。

次に書き出した10項目のうちで、あなたにしかできない仕事はいくつあるかを確認します。そして会社の方針に従って優先順位をつけていきます。

一番につけた仕事が本来最優先してあなたがやるべき仕事なのです。

優先順位は、単純に納期だけで決めるものではありません。短期間に最も見返りが大きい、会社にとって利益をもたらすものや、会社の将来を左右する仕事を加味して優先順位をつけてください。

こうしてみると、最初に書き出した10項目の仕事のうちで、人に任せてもかまわないと思えるものや、任せたほうが会社やあなたの将来にとっても有益だと思えるものが見つかってきます。ちなみに、私の例を見てみましょう。

臼井由妃が考える大切な10の仕事

①経営戦略や方針、予算などの決定
②商品企画および開発
③人材の育成と教育
④執筆業（単行本、連載等）
⑤経営コンサルタント業
⑥講演やセミナーの講師
⑦人づきあい
⑧パーティーや会議への出席
⑨SNS・ニュースリリース・メルマガ等に関する業務
⑩情報収集と整理

この中で、①は経営者（管理者）としての責任に関わる仕事。方針や目標決定、予算管理などは何をおいても私がやるべき仕事です。しかし、②と③については、決定権を持つことと確認作業は必要ですが、信頼できる部下に任せることもできます。任せることで私には時間の余裕が生まれ、部下は経験を積むいい機会となります。

④⑤⑥は私にしかできない仕事といえますが、その中でも一部については人に任せることが可能です。たとえば、クライアントへの連絡、交渉など事務的なことを人に任せることで、仕事に関わる才能を使ったり、それを伸ばしたりする機会となるのです。

⑦⑧については、私以外でもできる比重が高い仕事。私は、出席したくないパーティーであっても、部下にとっては日常の業務に変化を与えるものとして参加することで、いい気づきを受けるかもしれません。

⑨については、業務を任せることで、その人を熟達の域に導くことになります。

⑩は、私以外の人でもできる仕事の代表格といっていいでしょう。

こうして整理すると、10項目のうちで、100％私にしかできない仕事は①のみで、一部でも任せられる仕事が②③④⑤⑥。⑦⑧⑨⑩については人に任せたほうがメリットが大きい仕事ということになります。

「自分にしかできない仕事はたった1つなのか？」

「そんなに、仕事を任せて大丈夫なのか？」

多くの人は思うかもしれませんね。

この事実は、私に限ったことではありません。

特殊な技能や熟練の技が必要とされる仕事に従事している人を除いて、一般的な仕事の8割は人に任せることができるのです。

私の場合、やり方によっては9割が人に任せられる仕事ということになります。

今まで、自分にしかできないと思っていた仕事も思い込みにすぎなかったり、仕事を取られたくないという狭い根性から仕事を人に振らなかったり。

根拠のない理由から仕事を一人で抱え込んでいただけなのです。

冷静に「人に仕事を任せる」という革新的な方法で考えると、あなたの時間をもっと価値ある仕事に向けられることに気づきます。

自分がやりやすい仕事ではなく、会社が自分に求めている仕事を優先する

第2のステップ

準備

誰に任せるか

第1のステップで人に任せる仕事の見極めがついたあなたは、いよいよ任せる人の選別に入りましょう。

このとき、できる人は「今よりも一段上の仕事をするためには、自分が抱えている仕事のうちのどの仕事を、誰に任せたらいいのか」と考えます。

一方、できない人は「他の人に任せるくらいならば、自分でやったほうが早い」と、まったく逆の考え方をするのです。これでは元の木阿弥。

この考えが少しでもあると、任せたはずなのに気になって仕事が片づかない。いつまでたっても目先の仕事に追いかけられる状態が続くことになります。

また、箇条書きでもいいですから、仕事の手順を記した指示書や、レポートをつくるようにしましょう。

仕事を任せる人と一緒にマニュアルをつくってもかまいませんから、言葉で正しく伝える努力をしましょう。

仕事ができる自負がある人は、仕事を任せる過程で、相手に「考え方が違う」「やり方が違う」「私とは違う」と、「違い」に目が行ってしまいがちです。

その結果、相手と意見が対立して確執ができ、任せずに自分でやってしまうことが多いのです。

違いを比べて批判するよりも、どこが同じか。共感できるところをたくさん探して任せることが大切です。

任せることは、あなたの手を増やすことではあっても、あなたそっくりの人をつくることではないのですから。

「同じところ」を見つけながら、任せる人を選別するのがポイントです。

そう言う私も、以前は人に仕事を任せられないタイプでした。

任せた仕事の結果はもちろん、途中経過も気になって仕方がありません。

そのため、仕事を任せたあとも、アドバイスのつもりで声をかけたことで相手を傷つけたり、迷惑をかけてしまうこともありました。

そんな私が曲がりなりにも人に仕事を任せられるようになったのは、「任せていい人」を瞬時に見分けられるようになったからです。

仕事を任せられる人を一言で表現するなら、「3Ｍな人」。

これまで、いろいろな人に仕事を任せてうまくいったケースには、必ず共通点があったのです。それは、相手が「3Ｍな人」だということでした。

「3Ｍな人」とは、**「まめに・真面目に・まっすぐに」**の略です。

まず、仕事の途中経過を「まめにホウレンソウ」してくれる人。報告・連絡・相談が上手にできる人の仕事は安心して見ていられるのです。

また、「真面目」な人は小さな失敗を隠蔽して、あとでとんでもない大きなミスを引き起こす心配がありません。正直者はバカを見ないのです。

「まっすぐ」は当然、道理に反した行為を行わないことです。

「まっすぐな人」ならば、旗色のいいほうを見極めるや、自分の主張を曲げてすり寄ったり、得になるほうばかりに目が行って、自分のやらなければいけないことを見失ってしまう心配もありません。

この3Mは、ビジネスマンとして当然持っていなければならない常識なのですが、ビジネスの現場でも常識のない人は多いものです。

裏を返せば常識を持ち合わせている人なら3Mな人の可能性が大。

あなたが「任せていい人」ということになります。


以前、仕事を人に任せられなかったのには、もう一つ理由があります。それは私が極度の心配性だからです。相手に仕事を任せても、

「この人は仕方なく引き受けてくれたのではないかしら」

と考える。たとえ相手が笑顔で引き受けてくれていても、不安で仕方がなかったのです。申し訳ない気分にもなっていました。

また、相手の能力を認めてはいるものの「予測もしないトラブルがあったら対処できるかしら」と、考えなくてもいい先のことまで心配したり、いい結果を予測するよりも、悪い結果ばかりを予測していました。

この問題も、3Mな人なら最小限になります。3Mな人は、自分が周囲から仕

事を任せられることに喜びと誇りを感じるタイプ。そのうえ、まめで真面目でまっすぐな性格はトラブルの報告を怠らず隠さず、信用がおけるのです。

３Ｍな人は賢い人なので、そつなく仕事をこなしたあとに得られる達成感や、自分にもたらされる得の部分を知っています。

経験のない仕事や苦手な仕事であっても挑戦することで自分が成長できることを理解しているのです。

また、辛いだとか、大変だとか言うことは自分の価値を下げることも知っていて、決して弱音は吐かず、懸命に取り組んでくれます。

任せるこちらも安心なうえ、任される側の意欲も高い。

つまり、３Ｍな人に仕事を任せると、お互いにプラスになるわけです。

３Ｍな人は、「やります」「できます」「やらせてください」といった強烈な自己主張はしないかもしれません。

地味で、目立った行動をしない人が多いのです。

そのため気づきにくいかもしれませんが、よく周りを見回せば、必ずあなたの周りにも3Mな人がいるはずです。

試しに、「この人なら？」と思う人に小さな仕事を1つ任せてください。

「あなただから任せるんだよ」

「あなたを見込んで任せるんだよ」

相手を認める一言を添えて、声をかけてみましょう。

その人が3Mな人ならば、あなたの申し入れにたちまち満面笑顔となって、仕事の納期を設定したら、納期前にでき上がることも十分考えられます。

「あなたを認めています」と意思表示をしっかりとする限り、気持ちよく仕事に取り組んでくれます。

仕事を任せられる人は、まめで真面目でまっすぐな人

第3のステップ

行動

丸投げしない

任せる人が見つかり、準備が整いました。いよいよ具体的な行動を取るときがきました。

仕事を任せるとはいっても、それをやりこなすだけの能力を持っているかどうかは、未知数なところがあります。

能力には、仕事をこなすための知識や技術のほかに、経験や意欲も含まれます。これらの能力を任せた人に存分に発揮してもらうためには、どうしても指導が必要になります。

指導を欠いては、仕事を任せたもののミスやトラブルが続き、かえって余計な神経と時間を費やすことになりかねません。そう言うと、

「忙しいから仕事を人に任せたのに、何の解決策にもならない」「指導すること

に時間を取られるぐらいなら、自分でやったほうが仕事は早く片づく」と、考える人もいることでしょう。

しかし、指導を欠くのは、「任せるのではなく丸投げ」です。丸投げのままでは、いつまでたっても忙しさから解放されず、本質的な問題解決には至らないのです。

あなたから見て、100%満足できる人など永久に見つかるはずがありません。70%程度、まずこの人ならできるのではないかと考えた人ならば思いきって任せること。すると、その人はやる気を出し、あとの30%を吸収しようと学び、自分のものにするのです。

それに、30%は、実際に任されてみないと、その重みや難しさ、やりがい、面白さが分からないものともいえます。

任せるとは、ある面、相手に〝失敗権〟を与えるぐらいに考えましょう。開き直る度胸のよさ、図太さも、あなたは持つべきなのです。

任せるとは、相手に〝失敗権〟を与える行為でもある

第4のステップ

確認

チェック&フォロー

仕事を人に任せる際には、自分のやり方を客観的に吟味、批判、検討したマニュアルをつくり、目的と意味から教える。チェックとフォローを根気よく繰り返し指導する。

マニュアルは、詳しすぎないこと。不要になった作業や意味のない手順は任せる相手と一緒に協議しながらカットしたり、改善したり。もっといい方法がないかを探し続けることが求められます。

状況を先取りして、先手を打って指導することがポイントであり、それが本物のマネジメントなのです。

基本は、あなたが理解している仕事を任せることに尽きます。

自分が知らないことを任せるのは、「任せる」のではなく、「逃避」です。

それに、知らないことは、チェックポイントが分からず、指導も確認も十分にできません。ミスを招く要因にもなるのです。

また、あなたが理解している仕事ならば、自分が行ってきた経験から、ミスを犯しやすいポイントも明確に分かります。

十分に理解している仕事ならば、任せる相手に、この点もあらかじめ教えておくこともできます。


仕事を人に任せることは、一方通行ではいけません。

コミュニケーションは、本来双方向であるべきです。

指示に対しては報告、報告には確認が欠かせません。

そうすることで、経験を積み、意欲を高め、任せる人と任せられた人のお互いの能力が開花して、より高いレベルの仕事ができるようになるのです。

知らないことを任せるのは逃避にしかならない

第5のステップ

反省と分析

次の仕事に生かす

任せた仕事が完成しました。しかし、ここで安心してはいけません。

締め切りは守れたでしょうか？

満足できる結果を得られたでしょうか？

仕事を任せた相手に対して、時間がかかると文句を言うとか、いろいろなアイディアをしゃべり散らして、相手の仕事の邪魔をする。細かいことにこだわり過ぎて仕事を難しくさせる。指導が几帳面すぎて相手をうんざりさせる。

自分本位で仕事を評価すると、すべてが気に入らないということになりかねません。

初めて仕事を任せた相手には、〝失敗権〟を与えるくらいの気持ちで、70％の出来で上々と考える。2回目は80%、3回目以降は、プロとして一人前といえるレベルになるように、段階的に見ていく必要があります。

初めて仕事を任されたときには、誰でも意欲ばかりが空回りして、思わぬ失敗をしがちなもの。

あなたが、客観的な目で指導し、結果を相手と一緒に評価する。

単純に、いい悪いではなく、よい結果が得られたのは、何がよかったのか、ミスを犯したのならば何が原因か。

反省と分析をセットで考え、次回の仕事に生かす努力をしましょう。

仕事を任せるには、

①現状把握
②準備
③行動
④確認
⑤反省と分析

このように段階を踏んで行うことが重要です。「時間がない」「面倒だ」と一足飛びに行動に移すと、かえって時間や手間がかかることになります。

このことは頭に入れておいてください。

とくに、自分の仕事を成し遂げるためには、他人を押しのける傾向が強い人や、エネルギッシュで、好奇心が旺盛な人は注意してください。

あなたのように、野心家やモチベーションの高い人ばかりではないのですから。「あなたのせいで仕事が遅くなる！」と、フラストレーションを感じないように、イライラした素振りを出さないように。

任せることには、人を育てる意味があることを忘れないようにしましょう。

任せるとは、人を育て、あなた自身も育つことである

優先順位は、「緊急度」で決めると失敗する

この本を読んでいるあなたは、それなりに時間管理が上手な方だと思います。効率よく仕事をこなし、前向きな考えで行動し、挑戦することをやめないあなたなのに、なぜ時間をムダに使っているような気持ちに駆られるのでしょうか。

原因は、優先順位のつけ方が間違っているから、ということに尽きます。

「時間がない」と愚痴を言ったり、「忙しいから」とできない言い訳をしたり。私たちは、物事がうまくいかないときの理由のイの一番に「時間」を引き合いに出します。

かつて、1日に12時間以上働くことが常だった私の口ぐせも、「時間がない」「忙しい」でした。

あるとき、予定していた出張がキャンセルになり、丸一日の自由な時間が生まれました。そこで、やりかけの仕事や書きかけの手紙、読もうと買ったものの、そのままになっている本を片づけようとしたのですが、あっという間に一日が過ぎて、やりたいことの半分も終わりませんでした。

フラストレーションはかえって募る一方です。相変わらず、やらずに放ってあることばかり。1日が48時間あったところで、問題は解決しないのです。

当時の私のように、仕事が片づけられない人は、優先順位のつけ方が下手。優先順位の意味を考え違いしている人が多いのではないでしょうか。

あなたが考える優先順位とは何でしょうか。

実は、今あなたが動くことで最も価値が高まる行動は何か。そこに集中しなければいけないのです。

優先順位は、緊急度（期限が迫っているもの）だけで決めると失敗します。

納期が同じ仕事が複数あった場合には、その価値もハカリにかけないと、力が分散して思うような成果が出ないのです。

私の場合は、緊急度（期限）と回収度（短期間で見返りがある）を考え、優先順位を決めています。

回収度は、単純にお金だけでなく、人脈や知恵、情報といったお金以上の価値を生むものも加味して考えます。

私の仕事と優先順位の例を示します。

次のリストを参考に、あなたも自分の優先順位について考えてみてください。

縦軸には緊急度、横軸には回収度を記します。（ブロック分けは、複雑にする必要はありません）。

第2のブロック（緊急度は低いが、回収度が高い）の仕事をいつまでも放置しておくと、クレームやミスを引き起こしたり、信用を失う、人間関係にヒビが入るなど、危機的状況が訪れます。

ビジネスで成功を収めている人や、周囲に応援者や協力者といった味方が多い人は、この部分を大切にして、かなりの時間をかけているといっていいでしょう。

私も絶えず気を配るブロックです。

このブロックに時間をかけたほうが、長い目で見た場合、第1のブロック（緊急度も回収度も高い）の仕事を減らすことができるのです。自然になくなるといってもいいでしょう。

第4のブロック（緊急度も回収度も低い）の仕事は、自分を戒め、なくしていくことを徹底する。もともと仕事とはいえない無意味な行為ですから、当然ですね。

そして、問題は第3のブロック（緊急度が高く回収度が低い）です。

このブロックこそが時間泥棒の温床。気づかないうちに、あなたの時間を食いつぶしている悪者たちです。積極的に減らさないと、「人に仕事を任せる」ことも掛け声だけに終わりかねません。

仕事を緊急度と回収度でブロック分けすると、本当にあなたがやらなければいけないことが明確になってきます。

「時間がない」が口ぐせの人に限って、今まで緊急度だけで、仕事を処理していたり、優先順位を決めていたことに気づくはずです。

優先順位を決めるポイント

緊急度（高↑／低）　回収度（低→高）

第3のブロック

時間はないが実行しがちである

- 不必要な書類作成
- 重大でない会議やメール
- 電話やDM整理
- 他の人の方が上手な仕事
- 他人への手助け
- おしゃべり（アポイントなしの来訪者）

第1のブロック

いますぐに実行する

- お客様からのクレーム処理
- 期限（納期）が決まっているチームでの仕事
- 危機管理

第4のブロック

絶対にやるべきではないが実行してしまいがち

- テレビの見すぎ
- つきあいたくない相手の食事
- ネットサーフィン
- 緊張感のない仕事

第2のブロック

やらなければいけないができない

- 社員のトレーニング
- 長期的な事業計画資金計画
- 届け出、後片づけ
- 次のプロジェクトの準備
- 大切な人とのつきあい
- お客様とのコミュニケーション

高
緊急度
低
回収度
高

あなたの現状を把握するために、まず現在のリストをつくってみましょう。

そして、問題点が分かったら、今すぐにそれを排除する行動を取りましょう。

リストは、毎日作ることが理想ですが、リストを作ることが仕事になっては困ります。

とくに几帳面な人は気をつけてください。

週末に一週間の仕事を振り返り、翌週の仕事が円滑に進むようにリストを作成する。

それだけでも、あなたは効率よく仕事ができるようになります。

本来やるべき仕事が明確になり、成果が上がり、自分がやりたいと思っている仕事に取りかかる時間が生まれ、ストレスからも解放されます。

時間を思い通りにコントロールできるようになって、あなたにとって最も重要な「2割の仕事」に集中できるようになるのです。

優先順位は「重要度」プラス「回収度」で決めよ！

「机」の整理は、「思考」「時間」の整理になる

私は「整理上手ですね」とよく言われます。

オフィスの私の机を見た人は、あまりの小ささと、机の上にはノート型パソコン一つだけが置かれている状況に驚きを隠せない様子です。

私は、もともと「整理上手」なほうではありませんでした。

子供のころは、学校からもらってくる案内や書類の類を、茶の間や机の上に置きっ放しにしたり、なくしたり。

年中、母に注意を受けていました。

「お前は整理ができない子だね」「誰に似たのだろう」と。

そういう母も、整理できない人でした。

本人は整理上手を自負していましたが、どんなものでも捨てられない性分で、紙袋や包装紙、リボン、新聞紙など、変色したものまで、押し入れや納戸にため込まれていたのです。

父は、母と違って捨てることをいとわない人。

母に言わせると、物を大事にしない人になるのでしょうが、飽きっぽい性格で、気に入って買ったはずの食器や電気製品を迷いもなく捨てるところがありました。

父の物の捨て方は気まぐれで、そこかしこに投げ出したまま。

それを母が片づけ、父に見つからないようにどこかにしまい込む。

我が家は、片づいているように見えて、物が溢れている。物の洪水の中で生活していたのです。

そんな家庭で育った私ですから、整理とは、いらないものを処理するのではなく、しまいこむことだと長い間、錯覚していました。

きちんとしまい込むことをモットーにしていた感さえあったのです。

会社勤めを始めても、この性分は直らず、経営者になって、さらに拍車がかかったのです。

机の上に散乱する書類や伝票、ファイル、文房具、新聞……。最初のうちは、片づけるスペースを決めてそこに収納していたのですが、捨てられないものばかりで、たちまち収納しきれなくなってしまいました。するとすぐ収納棚を購入し、そこに収める。またすぐにいっぱいになって、収納しきれない書類で私の机の上は、山となっていったのです。

大切な書類がどこにあるのか、使いたいファイルをどこにしまったのか。探すことに多くの時間と労力がかかり、探し出したあとはその片づけに追われる毎日。散乱している書類を目にすると仕事に集中できなくなって、イライラも募ります。

そんなとき、外出先でオフィスに忘れ物をしてきたことに気づきました。得意先に渡す書類を1枚、自分の机の引き出しの中に忘れてしまったのです。ファックスで至急送ってもらうように電話をしたのですが、社員はどこにあるのか探せません。

「二番目の引き出しの中にあるから。えっ？　ない！　悪い、一番上の引き出しかな？」

「ないって？　しっかり探してよ！」

こんなやり取りが延々続いて、結局、書類は探せずじまい。

取引先には迷惑をかけるし、社員には八つ当たりをする。どれだけの時間をムダにしたことでしょうか。


この一件があって、私はオフィスの整理に取りかかりました。

私は「片づいているように見えるオフィス」を目指していただけだということにやっと気づいたのです。

片づいているように見えるオフィスでは、お客様が見えるとなると、あわてて机の上のものを、紙袋か何かにしまい込み、収納棚か引き出しに押し込む。そのときは片づいているように見えますが、お客様が帰ったあとは、また物の洪水です。

整理とは、片づけることではないのです。

整理は捨てることを前提に考える。そして必要なものを、そのものが本来置かれるべき場所に戻す。これが整頓。物の数が少なければ、整頓することに時間を取られることもありません。気分よく仕事ができるのです。

整理が行き届いたオフィスには、たくさんのメリットが生まれます。

①集中できる

周囲のものが散らかっている状態では、目の前の仕事に集中できません。気持ちもだらけて、新しいことに挑戦する意欲も起きないのです。

②他の人に仕事を任せられる

私の失敗例のようなことはありません。外出先からも部下や同僚に探し物をしてもらうことや、仕事の指示ができるようになります。

③時間や労力が減る

それまで私は一日に30分以上も物探しと片づけに費やしていました。一日30分でも、集まれば大きな時間になります。その分、価値ある活動にあてることができるのです。

④ストレスが減る

片づかない状況では、不安や強迫観念のようなものに襲われやすくなります。環境が仕事に及ぼす影響は大きいのです。

⑤思考の整理ができる

捨てる物、残す物の選別を瞬時につけるくせをつけることで、仕事の段取りを考えたり、アイディアをまとめたり。思考の整理がうまくできるようになります。

整理上手になると、迷いやストレスから解放され、頭の中がクリアになって、想像力が豊かになります。生産性が格段に上がって、お金や時間のムダ遣いもなくなる。

いいことばかりなのです。

整理が下手な人には、「散らかっているほうが仕事はしやすい」とか、「わざとそうしている」と言う人がいます。

しかし、私の知る限り、整理下手な人で仕事ができる人はいません。できる人の机は整然と片づき、ムダなものは一切排除してあります。

机を見れば、自己管理ができて、決断力があり、有能な人であるかが分かるのです。

整理上手は生まれ持った能力ではありません。私の例から見ても明らかです。

整理が苦手なあなたなら、あえて小さな机に替える。

引き出しも少なく、収納スペースを減らしてため込めないようにすること。

荒療治ですが、そうでもしない限り、あなたは永久に整理できない人です。

整理できない人は、思考や行動も整理できない。

そして、自分の整理すらできない人は、人に仕事を任せることも難しいと覚えておいてください。

任せ上手になりたいなら、あなたの机を整理しなさい

第3章

仕事の8割は、こうして人に任せなさい

――他人の頭と時間を上手に借りるちょっとした工夫

他人の頭を貸し借りしないのは、時間・労力・人脈のロス

勉強をしていて分からないことができたときや、何かの技術を磨く過程で、どうしてもうまくいかないことがあったら、迷わず、分かる人やできる人に聞くと思います。

私は今でこそ、経営者としての知識や経験を得ましたが、経営者になりたてのころは、ビジネス書を読んでも、経営者は何をすべきなのか、経理や販売戦略とは何かがまったく理解できませんでした。

しかし、幸いなことに、通販業界で一時代を築いた経営者の方に巡り合い、経営者の考え方、行動、先を読む目などを教えていただくことができ、少しずつですが理解できるようになったのです。

その後も、商品を開発する際には、生産現場のプロ。書籍の仕事をいただくよ

うになってからは、出版プロデューサーや編集者。講演の仕事は、アナウンサーと、私は何かを学ぶときには、できる限り専門家を探し、その人の講義を受けたり、直接お話を伺ったりしてきました。

独学で必死に学ぶよりも、はるかに早く理解が身につくからです。

もちろん、自分でもある程度は学んでから、教えを受けなければ吸収できるものが少なく理解しにくいもの。少しでも早く高いレベルに到達したいならば、自分で勉強することは必要です。

一から十まで教えてもらう姿勢では、何が自分にとって足りないのか。勉強する際の優先順位もつけられません。

今では、あらゆるジャンルの書籍を出版させていただいたり、さまざまなテーマで講演をさせていただいたり、経営コンサルタントの仕事もしている私ですが、自分一人でカバーする範囲には、限界があります。

「いろいろなジャンルに詳しいですね」「何でもできるんですね」と言われることがありますが、実際には私がそれぞれの分野に精通しているわけではなく、さまざまなジャンルに精通している人を知っている。分からないことができたら、直接聞ける相手をたくさん持っているにすぎないのです。

自分の足りないところは、人の知恵を借りる。「人の頭を借りる発想」が私の仕事を支えていると言ってもいいでしょう。

この発想ですが、私も最初から上手にできたわけではありません。

苦手な分野ならば、素直に教えを受けることができると思いますが、知っていることや、ある程度自信のあることで、分からないことができたらどうでしょうか？　バカだと思われるのがイヤでなかなか素直に「教えてほしい」とは、言えないのではありませんか。

自分と比べて社会的に地位のある人や、著名な人、誰もが知るその道のプロの教えならば別でしょうが、会社の上司や同僚から、「ここはこうしたほうがいい」とアドバイスを受けても、その言葉の裏には「何だよ、こんなことも分からないのか……」といった思いがあるのではないかと勘ぐって素直になれない。

かつての私がそうでした。相手が好意で教えてくれたことを、「そんなことは分かっている」とか「余計なお世話だ」と考えて、真剣に聞く耳を持っていなかったのです。

ですから聞いたことの半分も身につかず、仕事に支障を生じることが続きました。

仕事のやり方には、これでいい、これが正解というものはありません。

その道のプロであっても、知らないことはあって当然ですし、分からないこと、できないことを埋めようと、日々研鑽《けんさん》を積んでいるからプロとして仕事ができるのです。

ましてや、これから仕事を覚えよう、新しい分野の知識を吸収しようとする私がカッコつけていて、何の得になるのでしょうか。

時間と労力のロスだけでなく、「人の頭を借りる発想」ができないことで、人づきあいのロスも生まれるのです。

人に教えを請うのが苦手な人は、他人の目を意識しすぎる。自分ができる人だと思われたい気持ちが強いのです。

考えてみれば、「人の頭を借りる発想」は、「自分の頭を貸す発想」でもあります。

あなたが誰かに教えてほしいと頼むと、相手は自分の知識を分かりやすく表現する方法を探ります。教える相手のレベルに合わせて言葉や言い回しを選び、最善の方法で答えを導き出します。

教えることによって知識の確認ができ、知識を表現する知恵を得て、その人自身も成長できるのです。

また、話すことで相手を知り、人間関係が深まる。

人の頭を借りる発想ができることは、あなたの頭を貸して相手を成長させるうえに、相手の教え方を参考に、あなたが教える側に回ったときの勉強もできるのです。

「人に仕事を任せる」には、「人の頭を借りる発想」と、「自分の頭を貸す発想」をバランスよく行うことが求められます。

「私はこうして仕事をしてきたけれど、あなたはこのやり方をどう思う？」

「一緒に考えてみよう」

意見を出し合い、お互いの頭を使って仕事を進めていきましょう。

一方通行で仕事を任せるのでは、「任せる」のではなく、強制や命令と同じ。あなたも相手も成長できません。

もちろん、相手から何か教えてほしいと言われたら、それがあなたにとって幼稚なことや分かりきっていることであっても、真剣に教えてあげる。

教え、教えられの関係が構築できる人が「仕事ができる人」。将来にわたって伸び続ける人なのです。

できる人は、知識の出し惜しみや知ったかぶりをしない

「プレイヤー」ではなく「プロデューサー」になる

長い間、私は人に仕事を任せることができないでいました。

神経質で心配性な性格が原因だったこともありますが、自分が置かれている立場が理解できていなかったのが一番の原因です。

私は経営者です。経営者としての一番の仕事は言うまでもなく、会社の業務全般を指揮統率すること。会社が向かう方向や社員の能力を考えながら「利益を上げる」ことを最優先に考え、「お金・物・人」を賢く使いこなす。それが私の役割です。

一時の感情や忙しさに気を取られ、目の前にある仕事を何でもこなせばいいというものではありません。経営者には経営者にしかできない仕事、やらなければいけない仕事があるのです。

しかし、立場が理解できない経営者は、社員がやるべき仕事に手を出します。とくに、オーナー経営者や起業家には「自分が会社をつくってきた」という意識が強く、その傾向が強く見られるのです。

起業当初は、手本を示す意味でも、経営者があらゆる仕事をこなすことも必要でしょう。しかし、ある時期に考えを改めないと、社員はいつまでたっても経営者を頼りにして、自分で考え、行動することができない。経営者の顔色を窺いながら仕事をする「イエスマン」ばかりの会社になってしまいます。

仕事を任すあなたは「プロデューサー」であって、任せる相手が「主役」なのです。

プロデューサーであるあなたは、どうしたら主役が能力を発揮できるか、輝けるかを考えて指導しましょう。

時にはあえて、相手を苦しませることも必要です。

「今は大変だけれど、この仕事を完成させることで、将来きっとプラスになる」と相手に夢を持たせるのです。

私の場合は、

①「もし、○○ができたら、どんなにいいことがあるかな?」と相手に考えさせる。

②相手が答えを出せないでいたら、「失敗してもいいじゃない!」と、負担を軽くしてやる。

③それでも、躊躇する相手には、「何かあったら私が責任を取るから」とダメ押しをする。

この3段階で仕事を任せています。

こう言うと、たいていは「分かりました、頑張ります」とやる気になってくれます。

また、「失敗してもいいじゃない!」「何かあったら私が責任を取るから」と、言ってはいますが、過去に私が責任を取らなければならないようなトラブルに見舞われたことは、一度もありません。

むしろ、この会話をしたほうが、相手の緊張が解けて、本来の能力を発揮します。

私の気づかない提案をしてくれたり、アイディアが出たりと、いい仕事をしてくれるのです。

私の迷わない姿勢が相手に伝わるのでしょう。

思った以上の成果を出してくれます。

失敗を恐れて仕事を任せることを怖がったり、逃げたりでは、あなたも相手も成長しません。

「プロデューサー」として、主役をどう輝かせるかを考えることは、自分も輝くことになります。

最高の勉強の場を与えられたと思って、プロデューサー業に専念してください。

任せることを決断してください。

決断とは、文字通り決めて断つことです。

仕事を任せようか、さて、どうしたものか。

任せたのだが、やはり自分でやったほうがいいと、何かにつけて、相手の欠点が気になる。やはり私でないとできない、やはり無理だと、なかなか任せきれない。

そんなあなたの迷いは相手に敏感に伝わります。

仕事を任せることの迷いが1％でもあったらうまくいきません。

任せるのなら100％決断しましょう。

中途半端な決断は相手を子供扱いするだけです。

任されることで人は伸びていくのですから、その芽を摘んではいけません。

「プロデューサー」の立場で相手の能力を引き出すのが、任せて成果を出すコツ

「自分の分身」をつくる任せ方では人は育たない

誰もが自分のことになると客観的に見られず、冷静な判断ができないのが常です。プレイヤーとして実績や誇りがある人は、自分のように仕事ができる人はいないとひそかに思っています。

そのくせ、人に仕事を任せなければいけない場になると、周囲の人も自分と同じだけ仕事ができる、同じスピードで仕事をこなすと思いたい。思わなければとても任せられないといった気持ちに支配されて、相手にムリな注文を押しつけてしまうところがあります。

「私ならこれぐらいはできるから、あの人にも同じようにやってもらおう」
「私は失敗なんて絶対しないから、あの人も失敗は許されない」

すべてが私中心で、相手への思いやりが感じられない。

「これはできて当然だ」「こんなことは私に聞くまでもなくできるだろう」と、任された人の立場や心情などおかまいなしに畳みかけるように仕事を振る。そんな人は、いないでしょうか。

自分は違うと思ったあなたも、胸に手を当てて考えてみてください。

「あの人は自分と同じぐらい仕事をやってくれるだろう」「やってほしい」ではなく、「やってもらわなければ困る」と、考えたことはありませんか？

こうなると、期待感ではなく、強制です。任された相手は、あなたの奴隷ではないのです。

ああやれ、こうやれでは人は動きません。動いたところで感情が伴っていないから、成果が出ないのです。

仕事を任せるならば「失敗の責任は１００％私が取る！」と決断したうえで、相手の長所や短所、仕事上のくせなどを考慮して、その人に合った任せ方をすることがポイントになります。

経営者として27年間にわたって、社員やアルバイトなど多くの人を観察してきた結果、仕事の進め方には大きく分けて次の4つのタイプがあると思います。

①カメレオンタイプ
②カメさんタイプ
③先生タイプ
④経営者タイプ

それぞれのタイプには長所や短所があって、モチベーションにも違いが見られます。

まずはそれぞれのタイプの特徴を知り、仕事の進め方(時間の使い方)を把握してください。相手への任せ方がおのずと理解できます。

任された人は自分の分身ではない。相手のタイプに合わせた任せ方を知っておこう

好奇心旺盛な「カメレオンタイプ」の活用ポイント

おしゃべり好きな人に多いタイプです。

高度な仕事や難題を与えられると仕事に燃えて、新しいアイディアや意見を出すのですが、結論が出て働かなければならない状態になると、ペースがダウンしてしまいます。

意欲はあるのですが、行動が伴わない。感情の起伏が激しい。仕事を終えたあとは、「素晴らしい」「さすが」とほめられるのが大好きな単純明快なタイプでもあります。

〈長所〉

チームで仕事をする際には、持ち前の明るさで活気やモチベーションを周囲に与えます。想像力が豊かで、仕事のアイディアやオプションを考え出すのが得意でもあります。

〈短所〉

アイディアと思いつきの区別がつかず、いろいろなことに手を出して一つのことに集中できない。整理下手で、机の周囲は散らかっている人が多いといえます。

〈カメレオンタイプに仕事を任せるには〉

彼らは、新しいプロジェクトや困難な仕事に目を輝かせますが、尻すぼみになる傾向が見られます。最後まで目的を貫くこと、やり遂げることの意味をしっかり指導しましょう。

仕事の過程で頻繁に進捗状況を確認し、手抜きのないように見定める必要があります。カメレオンタイプに仕事を任せるのなら、対話を重視することがポイント。あなたのスケジュールに対話の時間を組み込んでください。

仕事が完成し、成果が出たら「素晴らしい」「さすが」とほめ称え、何かプレゼントを渡しましょう。「ご褒美作戦」が一番有効なのはこのタイプです。

カメレオンタイプには、ご褒美作戦でやる気を継続させる

真面目が取り柄の「カメさんタイプ」の活用ポイント

仕事を確実にコツコツとやる人。仕事のスピードよりもプロセスを重んじます。チームで仕事をする場合には、全員の意見の一致が見られ、要求が配慮される。みんなの気持ちが一つにならないと、動き出さないところがあります。

我慢強く、細かい仕事もイヤがらない人です。

〈長所〉

協調性があって、みんなの意見を取り入れるため、敵をつくることがありません。あらゆる面を考慮して仕事に取り組むので、やり直しや勘違いが少ない。段取りどおり一生懸命働く、信頼のおける人です。

〈短所〉

動き出すまでに時間がかかります。また、多少おかしなやり方であっても、疑問を感じていても、他の人に反抗しません。

しかし、そんな性格が災いして、他人の失敗の後始末をさせられることもあります。内心には怒りや不満がたまっていて、イライラしている可能性も。


〈カメさんタイプに仕事を任せるには〉


時間に追いまくられるのが苦手なカメさんタイプには、納期が迫った仕事は不向きです。

協調性のある性格を考えて、たくさんの人と仕事をしたり、多分野にわたるプロジェクトチームの一員として、みんなを支えてもらうのが最適です。

十分な時間を与えれば一度の挑戦で成果を出す力を持っていますが、自分から意見を申し入れることはまずしません。

任せるあなたが、積極的に考えを聞きだすのが成果を出す秘訣です。

カメさんタイプには、質問が功を奏する

几帳面な「先生タイプ」の活用ポイント

完璧主義者、論理的、几帳面、綿密……。物事をきちんとやらないと気がすまないために、いつも時間がないと思ってしまうタイプです。

仕事に対しては論理的に取り組むために、データや下準備ができていないで仕事をする人を許せないところがあります。

自分にも他人にも厳しいのですが、感情をあらわにすることがないタイプです。

〈長所〉

資料の整理や調査が得意で、他の人の目をあらゆる事実に向けさせる統率力もあります。複雑な仕事、細かい仕事ほど手腕を発揮し、的を射た指示をします。

〈短所〉

細かいところにこだわりすぎて、ゴールが見えなくなる傾向があります。自分から親密に話しかけることが少なく、クールな印象もあって、心を開いて話し合える人が少ないといえます。

〈先生タイプに仕事を任せるには〉

仕事を任せれば完璧にやり遂げますが、時間がかかるのが難点です。

そこで、彼らに仕事を任せるには、期限を明確にし、やや前倒しで設定する必要があります。おしゃべりは嫌いで、仕事以外の話を受け付けないところがありますから、ムダ話はしないこと。

あなたの考えを真っ向から否定することもありますが、悪意ではなく、完璧主義の表れと思って気にしないようにしましょう。

先生タイプには、必要なことだけを正確に話す

エネルギッシュな「経営者タイプ」の活用ポイント

見るからにエネルギッシュで、たくさんの仕事をこなす「やり手」といわれることが多い人。仕事の予定を立てるが大好きで、予定通りに進んでいくことに喜びを感じるタイプです。

かつての私がこのタイプ。スケジュールが埋まっていないと不安になって、ヒマな時間があると落ち着きません。

〈長所〉

生産性を考えて多くの仕事を効率よくやる人。決断が速く、目的意識も高いので、周囲にもそのモチベーションが伝わります。

締め切りがある仕事が得意で、納期より早く完成させることが多いので、「あの人に任せておけば間違いない」と周囲の信頼も厚いでしょう。

〈短所〉

時間がかかる仕事ぶりの人のことが、我慢できません。そんな人に対して露骨にイラつくところがあって、忍耐力に欠けます。

仕事は、質より量を重視する傾向が強く、プロセスよりも結果を大切に考えます。「仕事抱え込み病」に最も陥りやすい人と言えます。

〈経営者タイプに仕事を任せるには〉

仕事を任せる際には、まず彼らと話し合い、優先順位を決めます。仕事はこなすことも大切ですが、質も求められることをはっきり伝える。

ただし、くどい話には耳を貸さない傾向がある経営者タイプですから、大事なことだけをポイントを絞って伝えましょう。

仕事の話をするときには、世間話やお世辞の類は避けること。そうでないと、時間観念の強い彼らはヘソを曲げてしまいます。

経営者タイプには、仕事の質とは何かをはっきり伝える

仕事は「まとめて」ではなく「分割」して任せる

どのタイプが「仕事を任せやすいか」「成果を出してくれるか」といった答えはありません。

一人に仕事を任せる場合ならば、相手のタイプと自分のタイプの相性さえ考えればいいかもしれませんが、複数が関わるプロジェクトの場合にはそうはいきません。

全員が「好奇心旺盛なカメレオンタイプ」だったら、楽しくて面白いアイディアがどんどん提案されるでしょうが、何ひとつ行動できないでしょう。

「真面目なカメさんタイプ」ばかりだったら、相手を思いやるばかりで、気を遣うだけ遣っても、決定されない事態も考えられます。

「几帳面な先生タイプ」が揃ったら、完璧主義を貫こうとするあまりに、仕事は永久に終わらないかもしれませんし、「エネルギッシュな経営者タイプ」ばかりなら、みんなが目立ちたがり、仕切りたがる。仕事をこなすことばかりに目が行って、質がおろそかになる可能性もあります。

いろいろなタイプの人がバランスよくいること。複数に一つの仕事を任せるには、お互いが理解し合って、どうしたら仕事の生産性を高められるかを理解させることが求められます。

上手な任せ方のポイントは、

原則①「あなただから」「あなたしか」を使いこなす

どんなタイプであっても、仕事を任せるときには「あなたの代わりはいない」「あなたを見込んで任せる」と、相手を認める言い方をしましょう。

「あなただから」にも「あなたしか」にも相手を認める気持ちが込められていますが、「あなたしか任せる人がいない」といった言い方は、「私はヒマだってこと？」「声をかけやすかったから任せるのか？」といった誤解が生じやすいもの。

「あなたしか任せる人がいないんだ」と言ってしまいがちですが、それなら「他の人に任せることも考えたけれど、この仕事ができる能力があるのはあなたしかいないと分かった」と強調すること。

相手を最大限に認める言い方をするべきです。

原則②まとめて仕事を任せるのではなく、仕事を分割して任せる

任せられることに不安を感じている人には、自信を持たせる意味でも、得意なことや経験のある仕事から任せる。段階的に任せることで、やる気が持続し、ムリなく仕事が完成できます。

また、複数の人に仕事を任せるときには、先に紹介したように、相手のタイプを見極めて仕事を振り分けます。

好奇心旺盛なカメレオンタイプには、アイディアやオプションの提案。

真面目が取り柄のカメさんタイプには、意見の取りまとめや調整役。

几帳面な先生タイプには、情報の収集や調査。

エネルギッシュな経営者タイプには、時間管理。

このように、それぞれの特徴を生かした仕事で能力を発揮できるように、責任を持たせる。競争させるのでなく、お互いの仕事を理解しながら協調し、共感しながら仕事を進められるように配慮しましょう。

原則③任せるときは「イチ・ニッ・サン」で

イチとは「いちいち文句は言わない」。

ニッとは、任せるときや相手の質問を受けるときには「ニッコリ笑顔で受け答えする」。

サンは、仕事のペースが遅くイライラしても、思う通りの結果が得られなくても、「サンキュー（ありがとう、協力してくれて……）（ありがとう、頑張ってるね）」と感謝の言葉をかけること。

「イチ・ニッ・サン」を忘れないあなたは、間違いなく任せ上手になれますし、あなたを慕って「仕事を任せてほしい」という人が現れます。

味方や協力者、あなたの応援団が自然に出来上がるのです。

任せ上手は、コミュニケーション力を武器にする

立場の弱い相手にこそ丁寧に接する

年功序列や終身雇用が当たり前だった時代には、年齢と役職との上下関係は比例していました。しかし、今では職場での人の出入りが多様化し、年齢は下でも先輩だったり、上司だったりする場合もあります。

勤務していた会社が外資系企業に吸収合併されて、部長から平社員に格下げになり意気消沈していたら、変わってそのポストに就いた人は、自分よりも5つも年下だったという友人もいます。

それが現実とはいっても、年下の人から「おい、〇〇！」「おまえは、できない奴だ！」などと、高圧的に名前を呼び捨てにされたり、人間性を否定するような扱いをうければ、心中は穏やかではいられません。反発心さえ抱きます。実力主義だとか能力主義と言われても、納得はできないのです。

同じようなことは、自分が正社員で相手が派遣社員や、アルバイト、パート、外部のスタッフのような場合でも言えます。

相手が上司であっても、派遣社員であっても、立場や年齢で対応を変えるのは、マイナスにしか働きません。本人だけでなく、周囲の人も嫌悪感を持ちます。


名前だけでなく、日常会話についても同じです。

先日、ある会社で耳にしてしまったのですが、上司には猫なで声ですが、派遣社員には命令口調の営業マンがおりました。

「部長、私にお任せください、必ず本日中に、この仕事は終わらせますので、ご安心くださいますように」と言ったかと思うと、

「おい、派遣さん。この仕事、今日中にやっておけよ」

関係のない私でも、むかつきました。

自分よりも年下で仕事もたいしてできないと思われる者が、社員というだけで偉そうに「派遣さん」だなんて。私には名前があるのだ。「さん」をつければ済むものではないし、命令口調で話すのはおかしい。誰だって、思うでしょう。

「この仕事は今日中に終わらせてください。よろしくお願い致します」

「○○さん、この仕事は今日中に終わらせていただけませんか」

と、話す方が、相手も気持ち良く仕事に臨めます。


すべての人に丁寧に、上司でも派遣社員でも対等に接する。

会社という器の中では、自分が上の立場であったとしても、社会の中では、逆転することもあります。年齢や立場によって、付き合い方を差別する人は、人間の器ができていない、いわば「赤ん坊」です。

人に好かれなければ、仕事はうまくいきません。気づかいのできない人は、相手の心に垣根を作り、何かを任せるときでも「丸投げ」「暴投」になりかねないのです。


年下にこそ優しく分かりやすく話し、立場の弱い方にこそ親切に接する。

これは私の信条であり、仕事を任せるうえで欠かせないルールです。

誰に対しても平等に接するのは基本ですが、人間関係ができ上がっていない場合や初対面で仕事を任せる場合には、とくに注意しています。こうするほうが、信頼され仕事はうまくいきます。

任された相手も意気に感じて、思った以上の成果も生まれます。

「派遣だから」「バイトだから」と差別しない話し方がやる気と能力を引き出す

外注スタッフには「参加者意識」を持たせる

打ち合わせや会議に途中から参加した場合、その場の雰囲気になじむまでに、時間がかかりますね。その間、何となく居心地が悪く「浮いた存在」になってしまっているような気持ちがしたことはありませんか。

実際はそうでなくても、人間は自意識過剰になりやすいもの。時には「疎外されている」とか「頼りにされていない」と、被害者意識を抱く時もあります。

そして「浮いた存在」を意識している人がいると、その場にいるすべての人が違和感を覚え、妙に意識したり探りをいれたり、それまでの会話がぎくしゃくするということもあります。

みんなが同じ輪の中で、共通の意識を持って仕事をする。

たくさんの方が関わる仕事では、大切です。そのためには、お互いの警戒心を取り除く気配りが求められます。

特に、長期にわたって進めるプロジェクトや、外部のスタッフの力を借りる場合には、全員が「参加者意識」を持つ。

誰ひとりとして、浮いた存在があってはならないのです。

会議に途中から参加した人には、

「今、この部分の問題を話しあっているところです」と、状況を説明し、

「みなさん、ご紹介しますね、キャッチコピー作りがうまい○○さんです」と、その場にいる人には紹介してあげる。

顔を合わせないまま仕事に参加する人には、

「進行状況をお伝えします。1○○　2○○　3○○……」などと、できる限り分かりやすくメールや文章で伝える。

ときには電話をして、「○○さん、不明な点はないですか?」

「○○さんのおかげで、順調です」

相手の名前を会話の端はしに入れながら、コミュニケーションをはかりまし

よう。

目の前にいる人への気配りはしても、見えない相手への気配りは、つい疎かになってしまうものです。それでもこれまでは、仕事は進められたかもしれませんが、今やビジネスの場では正規の社員だけでなく派遣社員や臨時社員、外部スタッフなど、様々な形で仕事に関わる人がいます。

顔を合わせる方への気配り＋顔を合わせない人への気配りをする。

その仕事に参加する全員への気配りが、やる気や充実感を生み、積極的な意見を引き出したり、問題点の解決にもつながります。

「相手は、派遣社員だから外注スタッフだから……、まあいいか」

もし、あなたの心にそんな芽があるのならば、すぐに刈り取ってくださいね。

どんな立場にある人とも、共有する気持ちが、仕事の成否を決めるのです。

かかわる人すべてに「参加者意識」を植え付けるコミュニケーションが、プロジェクトの成否を決める

「制約」があるほど、人は動ける

　ある程度経験のある人や、その分野で実績のある方に仕事を任せる場合、納期や予算、ざっくりとした計画だけを伝えて、「あとはお任せます」「あなたの能力を買っていますから」と、お願いすることがあります。

　相手が「デキル人」「やり手」だと思える場合や、年長者には遠慮がちに、任せてしまう。派遣社員や臨時のスタッフには、「こんなものでいいでしょう」と。

　しかし、能力のある人でもゼロの状態から仕上げていくのは、たいへんです。

　私でしたら、「能力を買っている」という言葉が、ミスが生じた際の相手の逃げ口上ではないのか。ひとたび問題が生じれば、「私の信頼を裏切った」「当てが外れた」「任せ下手の隠れ蓑にされているのではないか」とまで、疑ってしまいます。

フォーマットや指示書があるとないとでは、仕事の進み具合が全く違います。心の負担も少ないのです。

「この商品について自由に意見を書いてください」というアンケートと、「お使い心地についてはいかがでしたか？」というアンケートでは、どちらの方が答えやすいでしょうか。

ほとんどの方が後者ですよね。

「あなたは仕事ができる人ですから、全面的に任せます」

こうした発言は、相手を信頼しているようで実は惑わせているのです。

「自由に」という言葉は、魅力的のようですが、自由ほどやっかいなものはありません。

ある程度の制約の中でこそ、人はその能力を存分に発揮できるのです。

俗に「自由にさせたほうが能力は開花する」といいますが、それは芸術や世界レベルの発明や発見などごく一部の世界の話であって、ごく普通のビジネスには当てはまりません。

仕事には相手があり納期があります。

それらを満足させるためには、やるべきことを決める。どんなに信頼している相手であっても、あなたよりも優れている人であっても、制約をつくることです。

その制約が多ければ多いほど、相手は自分で考えなくてもすみます。

決めることが少なければ少ないほど、相手はすぐに行動に移せるのです。


私は、能力を見込んでいる人であっても仕事を任せる時には、何かしらの指示書を示すか、その仕事に類似するデータや成功例、失敗例等を提示します。

見本となるものが、目の前にあるのに、白紙状態から始めさせるのは、信頼して任せているようで、配慮が足りない。

すでに多くの人が行い、結果を出している事例があるのならば、それを伝えないのは不親切この上ないのです。

「自由」より「制約」があるほうが能力は開花する

1回の顔合わせは、10回のメールに勝る

今や、メールや電話だけでもつきあいは可能です。

私にもメールだけのおつきあいですが、親近感を覚える方がいます。ソーシャルメディアでご縁が生まれ、メールでやりとりを続ける中で、顔を合わせる前に、仕事が始まったというケースもあります。

長い間、仕事をさせていただいているのに、担当の方の顔を知らない。あるいは、メールと電話のやりとりだけで仕事が進むということもあります。

顔合わせをしなくても、さしあたっての問題は生じないかもしれません。

メールでは伝わりにくい細かなニュアンスは、電話を使えば済むと思うかもしれませんが、相手に直接出会うことで得られる、伝えられる情報も多いもの。報

告・連絡・相談である「ホウレンソウ」がビジネスには欠かせないというのは、顔を合わせることで生まれる気づきやモチベーションの大きさを物語っているのです。

遠方にいてなかなか会えない方ならば、メールや電話を活用して仕事を任せるのも、分かります。しかし、それでも会おうとする姿勢は、必要なのではありませんか。

極端な話ですが、**10回メールをやり取りして意志の疎通をはかるよりも、1回会ったほうが、お互いの認識が明確になり仕事はうまくいくものです。**

時間や手間を惜しむと、結局は損することもあります。

顔を合わせるとは、歩調を合わせることです。

面倒だから忙しいからと、会えるのに会わない。どう考えても会える状況にあるのに、顔合わせをしないままに仕事を任せるのは、歩調が合わず、後に多大な労力を生むこともあります。

順調に進んでいるときは表面に出ませんが、相手に不安や疑念が湧いたときには、会っていない者同士では、腹の探り合いのまま悪感情が募り、取り返しのつかない事態が生じることもあるからです。

あなたが、お客様でお金を払う立場であっても、言葉だけではあなたを100％信用はしないものです。

言葉に心がのり、その感情が表情やしぐさからもにじみ出て始めて「この人ならば……」と心を開くのです。

仕事をメールや電話だけでやっていたのでは、その仕事が終われば、人間関係も終わりです。フェイス・トゥ・フェイスの会話は重要なのです。

外注のスタッフや顔を合わせないで済む方であっても、仕事の始まりには会う努力をする。どうしてもできないときには、事務的なメールのやりとりであっても、ＰＳ（追伸）の形で、近況報告や嬉しかったことなど、あなたの人柄をにじませる一文をいれるようにしましょう。

「ＰＳ　オフィスの近くにおいしいコーヒー店を見つけました。今度ご一緒しましょう」

「ＰＳ　○○さんのパワーが伝わるのですね。やる気満々です私」

「ＰＳ　仕事が成功し、一緒の祝杯をあげるのが楽しみです！」


何気ない一文が、あなたの人柄＝顔になるのです。

メールで仕事を任せるのならば、顔の見える一文を添えましょう。

電話ならば、心が声にのるように、相手の顔を想像しながら丁寧に会話をしましょう。

不思議なもので、見えないからと、横柄な態度で文章を書いたり、話したりすれば相手に伝わるものです。この点は忘れないでくださいね。

顔を合わせるとは、心を通わせ仕事の歩調を合わせること

頼みごとは、「月曜日」に行う

一般的に、ビジネスパーソンは月曜日から金曜日に働き、土日や祝祭日は休むものです。もちろん例外もありますが、仕事を任せる場合は、このタイムスケジュールを意識することも大切です。

休み明けの月曜日は、何となく気が重く午前中は、仕事のエンジンがかからないですし、たまった書類の山に閉口してしまう。「月曜日のない国で暮らしたい」と、以前知人が言っていましたが、「なるほど」と妙に感心してしまいました。

私の場合は、怠惰な性格に克つために、月曜日の朝いちばんに苦手な人に会ったり、慣れない仕事をしたり。あえて苦手なことや避けたいことをスケジューリングする「荒療治」をしています。こうすることで、否応なしに動かなければいけない状況になるからです。

知人や私のように月曜日が苦手な人ばかりではないでしょうが、誰もが一週間を単位として、仕事をしていることは、紛れもない事実です。

そこで、このリズムを「仕事を任せる」ことにも、活用してみませんか。


仕事の依頼や相談の電話、メール、手紙等は、月曜日に着くように手配する。

部下やスタッフ、同僚などへの頼みごとは、月曜日に行う。


月曜日は、書類の山かもしれませんが、誰もがきちんと仕事をしようと、注意を払っている日でもあります。週初めの頼まれごとでしたら、少なくともその一週間は、ずっと印象に残り忘れません。任せる側にとっては、動機づけが明確になるのです。

もちろん、対面して仕事を任せる場合には、相手の仕事が一段落した様子を見計らってからに、したいものです。午後いちばんにきりだすのも、一つの手です。

相手のスケジュールやタイミングを見計らって任せると、もっとうまくいく

仕事のやり方には〝口出し〟ではなく〝アドバイス〟をする

私は、執筆と休養を兼ねて週末には伊豆の別荘に、向かいます。

事務所がある東京から伊豆まで行くには、新幹線や在来線、夜行バスや自家用車などいろいろな選択肢があって、のんびり行きたいときには、在来線。とにかく早く現地に向かいたいときには新幹線。夜中に自家用車で、東名高速を飛ばすこともあります。

それと同じで、仕事にもいろいろなやり方があります。

「私だったら、こうするのに」

「あんなやり方では、うまくいくはずがない」

そう感じることもあるでしょうが、それぞれメリットもデメリットもあるのです。あなたのやり方がすべてではないのです。

明らかに怠けているのなら別ですが、その人なりに頭を使って仕事をしているならば、人のやり方にはいちいち口を出すべきではありません。

「こうしたほうがいいよ」ならまだしも、「それはダメだよ」では、反発もしたくなります。相手には、それなりの経験やいい分もあるわけですから、メンツが丸つぶれです。仮に善意であっても、口出しする人は嫌われるのです。

しかし、マニュアルを渡し適切な言葉で仕事を任せることをしても、いざ動きだせば途中、何かを言いたくなるものです。口出しを抜きに、仕事は成立しないと思いますよね。

口出しではなくアドバイスをするのです。

あなたが指導する立場にあったり、相手から質問をされた場合は、親切に教えてあげるのはもちろんですが、

・手とり足とり教えすぎない。相手に考えさせる余裕を与える

・言葉遣いに注意をする。先にお話ししたように誰に対しても対等に接する

思うように仕事がはかどらないときには、そのやり方を批判するのではなく、そのまま進めると、予想されるうまくいかなかった事例を、目に見える形にする。そして、考えさせる。

仕事の結果が目に見える形で示されない限り、誰もが自分のやり方を疑いません。他の人が別の方法で成功していても、「私のやり方のほうがもっとうまくいく」と、思うものなのです。

その人のやり方を批判するより、予想される結果を目に見える形で示す

顔を合わせる機会が少ないままに仕事を任せる場合には、顔を合わせた途端にあれもこれも、口出しをしたくなるのが人情ですが、そこは冷静に。相手のメンツをつぶさないようにしましょう。

締切日は「3日前」に設定する

どんな仕事にも締切日はつきものです。

「いつでもいい」「ヒマになったらやってくれればいい」と仕事を任されたのでは、やる気も萎えますし、自分の存在価値に不安を感じます。自主性を重んじてくれていると好意に解釈をする人は稀で、「期待されていないのではないか」と相手の真意を疑ってしまいます。

任せるときも、自分で行うときも、仕事の締切日（達成期限）を決めるのは当然必要なこと。しかし、多くの人はそれで満足してしまうのです。

効率よく仕事を行うには、

①締切日（達成期限）だけでなく、

②開始時期
③終了時期を決めます。
大雑把に、いつから始め、いつまでに終わり、いつ納めるのかではなく、仕事のステップごとにそれぞれの締切日を決め、目標に具体性を持たせることが大切です。

仕事を任される場合には、自分で締切日を決めたり、話し合って締切日を決めることは少ないはず。そうであっても、目標は自分のものです。相手が決めた締切日は自分に合ったものなのか。自分で本当にやりたいと思えるように、時には話し合って、修正することも悪くはありません。

私は、土壇場にならないと仕事に手をつけないところがあります。しかし、それでは仕事をこなすことに終始して、質の低下は否めません。

そこで、あらかじめ締切日は実際よりも3日ほど前倒しに設定しています。

当然、時間の余裕がなくなりますから、仕事に取りかかるのも早くなります。

締切日を守るために、気が散るものや仕事の邪魔になるものは周囲から排除せざるをえませんから、自然に快適な空間で仕事ができることになります。

そして、実際の締切日との差である「3日間」で、完成した仕事を細部にわたって確認し、期限には余裕を持って「完成品」を納められるのです。

締切日を厳守するために、とくに私が注意しているのが、ストレスを生む状況や、わずらわしい人を避けること。

机の上はきれいにする。おしゃべりな人には注意をする。アポイントなしの訪問者は受けつけない……。

仕事に集中しているときには、外で知り合いに出会ったときは丁寧に応じますが、メールの場合は、全てのメッセージに返信はしません。

返信しないと、後ろめたさを感じる人もいるようですが、仕事ができる人は、相手が返信してこなくても悪く取ったりはしないものです。気にせず仕事に集中しましょう。

仕事が完成したら自分にご褒美をあげるのは、皆さんも実行していると思いますが、私の場合、「つまらない仕事を終えたら、楽しい仕事をする」と自分に約束することもあります。

また、**手慣れた仕事は、手抜きをしないように、初めてのつもりを演出します。**

「さすが、仕事の呑み込みが早い」とか、「いいぞ！」と自分を励ましたり。

やる気が起きるテーマソング（私の場合は『全力少年』）をあらかじめ決めておいて、音楽の力を借りることもします。

「初心者ゲーム」とひそかに呼んでいる「ゲーム感覚」で自分を鼓舞する方法です。

これらの方法を試しても、仕事が面白くなく無意味に感じる、締切日が守れない、仕事に興味を持てないというのならば、仕事が合っていないということでしょう。

根本から考え直さなければいけませんね。

締切日を競ってするだけでは、仕事は速くならない

進捗状況は「ほめ言葉」で確認する

私事ですが、物心ついてから父には怒られた経験がありません。

人並みに反抗期もありましたし、共働き家庭のさびしさを分かってもらいたくて、学校に行きたくないと仮病を使ったり、塾をさぼったりと、悪さもしました。

しかし、どんなときも父は怒らず、優しい声で「どうしたの？」「何があったの？」と私と向き合ってくれたのです。

吃音症《きつおんしょう》を同級生にからかわれ、泣きながら帰ってきたときには、「ゆっくり話せば分かってもらえるよ。由妃ちゃんの声はきれいなのだから」と励ましてくれました。

また、「あなたは何でもできる子なのだから」が父の口ぐせでした。

不思議なもので、ほめられ続けると、だんだんその気になってくるのです。

父の期待に応えようと、愚痴を言ってはいけない、不平不満は口にしないと決めて、子供ながらに努力は怠らなかったことをよく覚えています。

「そうよ、私は何でもできるの」「吃音症だって絶対に治して見せる！」

1週間に1冊、何度も声に出して本を読み続ける「音読」を習慣にして、吃音症を克服することができたのです。


自分の経験からも言えることですが、ほめられることで、相手は理解してもらえている、自分を求めてくれている、と思うものです。

自分は頼りにされていると思うと自信と自覚が生まれますし、ほめてくれる人の期待に応えようと奮起します。少々の困難ではめげない精神力も培われるのです。


私の周囲にいる「仕事ができる」「人望がある」と評される人たちは、ほめられて育った。ほめられながら仕事を覚え、潜在能力を開花させた人が多いと言えます。

ほめられることで、難しい仕事や経験のない仕事でも萎縮せず、のびのびとこなせた人もいます。

仕事を人に任せる場合にも、仕事の進歩や努力の跡を感じたら、相手の目を見て、

「良くなったね」

「いいね」

と、声をかけましょう。

どんな美辞麗句であっても、受け売りの言葉ではあなたの気持ちは伝わりません。

ムリなく言える「一言のほめ言葉」のほうが相手の心に深く染み込んでいくのです。

ほめ言葉は、仕事を任せる相手のモチベーションを上げるだけではありません。仕事の進捗状態を確認するいい機会でもあるのです。

何も言わず、確認するだけでは、「あとでイヤミを言われるのかもしれない」「い

いのか悪いのか分からない」と相手は不安に感じるもの。疑問や質問も言い出せなくなります。

そうこうしているうちに、進むべき道がブレて失敗を引き起こすことにもなりかねません。

仕事を任せることは、相手を信頼すること、認めることです。

ほめ言葉が加われば、さらにあなたの思いは相手に深く伝わり、期待に応えようと動いてくれます。

ミスを未然に防ぐこともできるうえに、人間関係も深まる。

ほめ言葉には、魔法の力があるのです。

ほめ言葉は、相手のモチベーションを上げるだけでなく、失敗を防ぐ力がある

〝指示命令〟ではなく、この〝質問〟で人は喜んで動く

どんな仕事でも、人から命令されてやるのと、任されて自分の裁量で行うのとでは、やりがいが違う。仕事を成し遂げたときの充実感がまったく違うのです。

仕事を任せるときには、相手が行動したくなるような動機づけが必要。なぜ任せるのかを相手に理解させ、納得してもらう。何となく理解しているレベルではダメです。納得が伴わないと、動機づけが希薄になって、思ったような成果が望めないからです。

あなたの考え方を十分に理解し、その意図をつかみ、あなたと同じ気持ち、同じ方向を向いて仕事をする。それが理想です。

また、上司と部下の関係や年長者や先輩など、力関係がはっきりしている人が、仕事を任せるときには、どうしてもゴリ押しになりがちですから注意しましょう。

私もゴリ押しをして、失敗した苦い経験があります。

15年ほど前になりますが、連日地方での講演会が続き、オフィスに腰をすえて仕事をすることができませんでした。そんな折、出張先にメールが届けました。

「〇日までに正式な商品提案書を提出してください。貴社商品のカタログ掲載が決まりました」

お取引先からの商談決定のお知らせでした。

締め切りまでは、あと2日。東京にいれば適切な対応もできたでしょうが、私は鹿児島・福岡・大分と、講演の日程が詰まっていて身動きがとれません。結局、メールと電話のやり取りで、社員に提案書を作成してもらうことになったのです。

本来、こういった仕事は経営者がやるべき仕事ではないのかもしれません。しかし大口の取引でしたので、私は社員には任せず、何から何まで一人でやっていました。社員を信用していなかったのが本当のところです。

社員は仕事の内容が理解できていませんから、すべてがスローモーで、私は、なんで指示通り動けないのかとイライラするばかりでした。

「あれこれ考えずに、私の指示通り動けばいいでしょう！」

怒りをぶつけてしまったのです。提案書は何とか期日までに納めることはできましたが、社員と私の心の溝は深まってしまいました。

仕事の内容を理解させることもなく、説得もなしに、仕事を命じるだけの高圧的な態度では、心の壁ができるばかり。敵対関係になることもあります。

「ゴリ押し」は、相手に考えさせる余裕を与えません。

人に仕事を任せることを決断したら、相手に理解と納得を促すために、質問を会話の中に取り入れるように努めましょう。手順は、

①任せたい仕事を示し、なぜ、あなたに任せるかの理由を説明する

〈会話例〉

「あなたならば充分この仕事はできると思います。期待して任せたいのですが、どうですか？」

〈ポイント〉

その仕事をすることによって、自分の能力がアップすると理解させ、ひいては評価や立場もよくなるという、こちらの期待感を相手に伝えましょう。

②任せる仕事の内容を細かく説明して、どこまで任せるのかを明確にする

〈会話例〉

「○○まではあなたに任せます。そこまでは、あなたの裁量でやってください。あとで報告をしてくれればいいです。どうですか？」

〈ポイント〉

任せる範囲と、やるべき仕事を具体的に伝えましょう。

③相手の意見を求める

〈会話例〉

「責任は私が取りますから、思いきってやってください。引き受けてもらえれば、会社としても助かります。あなたの意見を聞かせてもらえませんか？」

〈ポイント〉

責任はあなた自身が取ることを明言し、相手の精神的負担を和らげます。やりたくない、自信がないとあなたの申し入れに色よい返事がもらえなくても反論は

しないで、相手の考えはいったん受け止めましょう。質問を受けたら丁寧に答えることも忘れないで。

④提案や意見、希望などは注意深く聞き、受け入れられることは最大限受け入れる

〈会話例〉

「何か支障があるのならば、遠慮しないで相談してください。この仕事はあなたにとっていいチャンスだと思います。そう思いませんか？」

〈ポイント〉

相手の立場を考慮して、お互いの理解を深めましょう。

⑤仕事を任せられる能力を持っていることを再び伝え、相手が納得し、意欲を持って仕事ができるように促す

〈会話例〉

「あなたの能力は確信しています。何かあればフォローしますから心配しないでやってください。必ずあなたのためになります。期待しています」

〈ポイント〉

その仕事を行うことが相手にとってどんなメリットをもたらすかを、熱意を持って伝えます。自分や会社の利益を強調しないようにしましょう。

会話に質問を取り入れると、押しつけるイメージがなくなり、相手の心理状態に合わせて話を進めることができます。

また、質問話法ならば、相手との心の壁をつくらないうえに「ノー」と言いにくい。質問する側にとっては、優しいイメージを演出しながらも、断れない状況を自然に作れるメリットがあります。

何よりも、信頼関係が深まり、心からの納得を得られるのです。

ゴリ押しは味方を減らし、質問話法は味方を増やす

第4章

人を巻き込むほど、より大きなチャンスをつかめる！

―まわりから「応援される人」の共通点

相乗効果ですべてがうまく回りだす「巻き込み力」

仕事ができる人は、例外なく「巻き込み力」を持っています。

「巻き込み力」とは、自分が関わっている仕事のパートナーやチームのメンバー、スタッフ、同僚、上司、得意先など、全ての人があなたの味方になっている、同じ方向を向き、気持ちを合わせて仕事をしている、あなたに自然に導かれる見えない力をいいます。

この力があれば、みんながスムーズに仕事を進めることができ、仲間からも上司からも好かれるのです。


巻き込み力は、どうしたら身につくのでしょうか。

それは、自分のやりたい仕事や都合だけでなく、関わるすべての人を視野に入れて、仕事の段取りを考えることで養われます。

私は自分の都合よりも、その仕事に関わる他の人が、どうすれば仕事がしやすいのかを考え、段取りを組み立てる人が成功すると信じています。

そうすることで、「次もまたあの人と仕事をしたい」「あの人のためなら力を貸したい」と考えるからです。

仕事の段取りを決める際には、納期が迫っている仕事から片づけるのは、あなたも実行していると思います。

しかし、なかには頼まれた順番にしか動かない人もいるのです。また、手があいているのに、納期が来ていないからと先延ばしにする人もいます。

仕事には、できる限り早くしたほうがいい仕事と、できる限り丁寧にしたほうがいい仕事の2種類がありますが、私たちに求められる仕事の8割はできる限り早くしたほうがいい仕事です。

経営者の立場から言えば、時間をかけて100点満点の仕事をする人よりも、80点でも誰よりも早く仕事を納める人を重要視します。

少しでも早く仕事を片づけることで、次の段階の仕事をする人たちの段取りの幅が大きくなって、負担も軽くなる。仕事をする場合には、他人にラクをさせてあげられる方法も考えるべきなのです。

また、関わる人が多い仕事から先に片づけることも必要です。自分を含めた少数のスタッフで終わる仕事よりも、他の部署のスタッフや外部の人、ブレーンなどにも関係する仕事を優先します。そういう段取りを踏むと、組織全体の活力が増して、それぞれの仕事に関わっている人たちのやる気を高める効果も期待できるのです。

そうなると、自分一人でも終えられる仕事は、最後。「さっさと自分の仕事を片づけたほうが、気持ちよく次の仕事に取りかかれるのではないか」と、思われるかもしれませんが、自分で時間をやりくりすれば、終わる仕事は意識して最後にする。

納期さえ守れば、他に影響が少ない仕事は最後の最後でいいのです。

関わる人数が多い仕事には、トラブルがつきもの。意見ひとつをまとめるにも時間がかかりますし、仕事を進めるうえでの衝突もあるでしょう。

だからこそ、のんびり構えて取り組むのではなく、優先的に考える。そのほうが、全員が効率的に仕事を進めることができ、結局、自分一人でできる仕事も余裕を持って取りかかれることになるのです。

仕事のできる人は、相手に余裕を与えられる人であり、安心感を与えられる人です。

「仕事は忙しい人に頼みなさい」と言われているのは、忙しい人は段取りがよく約束を守る「安心」できる人であるから。

余計な気を遣わず、余裕を持っていられるからなのです。

そういう人の周囲には、一緒に仕事をしたいと多くの人がやってきます。

巻き込み力がつけば、人に好かれ、物に好かれ、たちまち成功の階段を上っていけるのです。

「また一緒にしたい」と言われる人は、関わる人が多い仕事から先に片づける

トップ営業マンは「ジジイキラー」

仕事はできるのに、人づきあいや言葉遣いが下手で損をしている人は多いものです。

一方、イマイチ能力不足であっても、日ごろから周囲の人に気に入られ、応援されて、見事に成果を上げる人もいます。ちょっとした心がけしだいで、できない人からできる人に変身する可能性は誰でも持っているのです。

私の知人に「ジジイキラー」と呼ばれる30代の男性がいます。

この彼、スリムな体型のうえに童顔で、どう見ても頼りがいのあるタイプではありません。せっかく入学した大学を1年で中退し、その後、海外を放浪していたこともあって、就職には苦労したと聞きます。

しかし営業職についた途端に、みるみる成果を上げて、30代ながら中堅の食品メーカーの管理職に上り詰めました。

同期で入社した仲間の中で、大学中退者は彼一人。他の人は国立大学や有名大学を卒業した人ばかりです。

学歴のうえではハンディがある彼。「特技は英会話だ」と語るのですが、彼の英会話を聞いたことがある私は「得意ですって？」。とても仕事で通用するレベルではないからです。

それに、彼には他にとりたてたスキルがあるわけでもありません。ですから、入社当時は目立たない存在だったのです。

彼の会社が扱う食品は、一般の市場で流通するものではありません。お客様から希望を聞いてオリジナル食品をつくる、業務用の食品を扱うのが彼の仕事です。

契約が決まれば大きな商売になりますが、さんざん研究費をかけサンプルをつくっても、契約が決まらなければ1円にもならない「博打《ばくち》的色合いが強い仕事」ともいえます。

そんななか、彼は営業部で常にトップクラスの成績を維持し続けたのです。

彼の営業方法は、特別変わっているわけではありませんし、トークに長けているのでもない。訪問する機会を得たら商品の説明をし、お客様の希望を伺い、オリジナル食品のサンプルをつくり、評価を受ければ本契約になる。その間、メールや電話、ファックスでのやり取りが続く。

ある一つを除いては、他の営業マンと何ら変わりはありません。

その一つとはアフターフォローの絶妙さ。とくに紹介をいただいたときの対応の仕方に一本スジが通っているのです。

あなたも経験がありませんか。

自分が引き合わせた人同士が意気投合して、頻繁に接触しているのを偶然耳にしたとき、

「最近、AさんとBさんが一緒によく飲んでいるらしい」

「そういえば、AさんとBさん、今度一緒に会社を立ち上げるそうだ」

すると、紹介したあなたは、

「えっ……?、聞いていないなぁ」と仲間外れにされた印象を持つ。「何で私に報告しないのか」と、怒り心頭になる場合もあるはずです。

販売や営業など、人と会うのが仕事の一つのような人ならば、紹介されたり紹介したりは日常茶飯事です。

当たり前の行動だから、ついうっかり報告を怠ってしまう。紹介された者同士が懇意になり、仕事を一緒にするようになっても、紹介者に報告しない人が多いのです。

「忙しさで、つい忘れていた」「報告しようと思っていた」

理由をつけても、あとの祭りです。スジを通せない人間として、昨日まではあなたの味方だった人が敵に回り、新しい人脈はできても、今まで築き上げた人脈をなくすこともあるのです。

「ジジイキラー」の異名を取る彼はこの点、抜かりがありません。

紹介を受けたらその日のうちに連絡を取り、いつ訪ねたらいいか、相手の都合を聞きます。そして、アポイントの約束が決まったら、すかさず紹介者に「いつ、どこで会うのか」を報告するのです。

ここまでは常識かもしれませんが、彼がすごいのは、相手と会ったときにどんな会話をしたかをレポートにまとめ、紹介者に報告することです。

「そこまでして何になるの？」と思う向きもあるでしょうが、紹介者の気持ちを考えれば、やはり話の内容は気になるものです。しかし、いちいち詮索するのは野暮《やぼ》ですし、面倒でもあります。彼は微妙な気持ちを察しているのです。


仕事が決まれば、「ご紹介いただいた○○さんにご注文をいただきました。ありがとうございました」と報告し、仕事が決まらなくとも、「今回は私の力不足でいいご報告ができませんでしたが、素晴らしい方を紹介していただきありがとうございました」というように、紹介者に礼を尽くして感謝する。

紹介してもらうばかりでなく、今度は自分の人脈を相手に紹介する。一方通行にならないようにと、気配りを忘れないのです。

そんな彼ですから、年配の経営者や大物といわれる人にかわいがられ、紹介が紹介を呼んで営業成績が常にトップなのは、自然なことといえます。

日本のビジネス社会を牛耳っているのは、オヤジ世代から上のおじいさん世代です。彼らを味方にし、思う通りの仕事をするためには、スジを通すこと。メールが全盛の今だからこそ、人付き合いには彼のように生きた言葉のキャッチボールが功を奏するのです。

人を紹介してもらったら、気を抜かず、紹介者にスジを通してください。些細なことでも報告する。その積み重ねがあなたの評価を上げていくのです。

対人関係はアフターフォローで決まる

大物にかわいがられるには「コバンザメの法則」で

「コバンザメ」は、頭の上にある小さな吸盤を利用してサメやエイ、ウミガメなど宿主の体に吸着して生活している生き物です。

吸着することで、自分は泳がなくても自由に海中を移動でき、宿主が食べ残したエサをいただく。大きな宿主の影に隠れることで、敵から身を守ることもできる。

調子のいいやつ……。「おこぼれをもらいたいために大物にすり寄る鼻持ちならない人」と同じかもしれません。

しかし実際のコバンザメは、宿主の体についた寄生虫を食べて掃除をする。宿主の健康を維持するために一生懸命に働く「役に立つやつ」でもあります。

調子がいいようで、相手を思いやるえらい生き物。自分の利益だけ考えて立ち回る人間は見習うべきといえるでしょう。

仕事をお願いするときに、真っ先に相手の利益を考えて行動する人はよほど奇特な人です。多くの場合は、自分にとって得になることばかりを主張して、相手の利益を考えません。

口先では相手の利益を主張したり、ほめてみたり。仕事を引き受けてもらいたいがために、調子のいいことを言っている人が多いのではないでしょうか。

あるいは「私はこれだけのことをするからあなたも返して欲しい」と、バーター取引のように仕事の提案をする。そして、自分の得るものよりも相手の利益が大きければヘソを曲げ、こんなはずではなかったと相手を攻撃する人もいるでしょう。

不思議なもので、貧しい心は相手にすぐに伝わるものです。

どんなに相手をほめ称えていても、「お世辞」にしか取れません。逆に、「何があっても引き受けない」「絶対にこの人には力を貸すものか」と頑《かたく》なになるでしょう。

「こちらが何かしたら相手にお返ししてもらおう」という考えは、利己心に他ならないからです。

人づきあいは「持ちつ持たれつの関係でうまくいく」ということは、誰もが知っています。しかし、この「持ちつ持たれつの関係」を誤解している人が多いのも事実です。

「あの人に○○をやってもらいたいから、私は○○する」と、頭の中でそろばんを弾いている人も少なくありません。

損得勘定をにじませていたら、応援してくれる相手は同類しかいません。

「私はこんなすごいことができる」とか、「私とつきあったほうが得ですよ」と大風呂敷を広げる人や、あなたから得られると思われる仕事や人脈、儲け話などに鼻を利かせてくる人だけです。

私は今まで多くの成功者や仕事ができる人と知り合ってきましたが、彼らは自分の得よりも相手の得を優先する人たちです。相手から何かしてもらいたいからつきあうなどとは微塵《みじん》も考えないのです。

「持ちつ持たれつの関係」とは、見返りを求めず、心から相手を信頼して与えること。

与え続けることが基本になります。

不思議なものですが、与え続ければ、より大きな見返りが与えた人以外からも得られ、見返りを期待する損得勘定に長けた人よりも、いい思いをすることになるのです。

あなたが、自分よりも地位も名誉もある「大物」と呼ばれる人に何かを頼みたいと願うならば、お金や言葉で大物の気を引こうとしてもダメです。

とりあえずの間に合わせ的な仕事なら引き受けるかもしれませんが、強い絆で結ばれることはないでしょう。

大物と固い絆でつながり、応援してもらうには、「コバンザメ」になりきることです。

コバンザメが宿主に助けられているだけでなく、宿主の手の届かないところの寄生虫を掃除するように、小さなことでいいですから、大物を手助けする方法を常に考え実践し続けることです。

背伸びをしたり、お世辞を言ったりではなく、ムリせず今あなたができることは何なのかを考えて行動しましょう。

相手が大物であればあるほどあなたの行動はすぐに評価をされますし、あなたの強力な応援者になってくれます。

大物にかわいがられるF氏は、水道工事を請け負う会社を経営しています。

彼のどこが大物に気に入られるのか。

彼は尊敬する人や大好きな人の苦手な分野を知っていて、手間のかかることを率先して手伝うのです。

だからといって恩着せがましい発言はしませんし、手伝いが終われば風のように去って行きます。

F氏は私の講演会やパーティーの情報を聞きつけるや、PRを買って出てくれます。イベントを開催する際には、スタッフのような気配りをしてくれるのです。

私は大物ではありませんが、何度もこうした行いをし続けられれば、「私の立場で応援できることはないかしら?」と言いたくなるのは自然の流れです。

大物ほど細かいことに気づきますし、あなたの行為をいつまでも覚えていてくれるものです。

できる人の側でつかず離れず寄り添いながら、見返りを期待せず、自分を磨きながら相手のためになることをし続ける。そうすれば、あなたは自然に応援される人になりますし、大物のおこぼれもいただける。

コバンザメになりきることで、できる人の知識や知恵、人脈だっていただける可能性もあるのです。

成功者に応援される人になりたければ、見返りは忘れなさい

10人のバトラーを持とう

仕事ができる人ほど、上手に人を使っています。身近なところでは上司。

「○○部長、誠に申し訳ありませんが、今度の金曜日、私の取引先のA社に表敬訪問していただけませんでしょうか？」

「金曜日か……。空いているけれど、どうした？」

「実は同じ時間にB社とアポイントを取っていました。うっかりしていて……。B社とは初めての顔合わせですし、A社の担当者には、前々から○○部長を引き合わせたいと思っていたのです。すみません」

「分かった。何をすればいいかな？」

「ありがとうございます。それでは……」

こんな調子で、上司も部下に上手に使われています。

上司と部下の関係なのに、なぜ？　全ては仕事の成果を上げるため。上司と部下は協力関係であって、運命共同体なのです。

会社の代表として仕事をする以上、上司だけが得をしたり、部下だけが得をすることはありえません。優れた上司を見れば部下も優れていると考えますし、賢い部下を見れば上司に会ってみたくもなります。

協力して仕事をするから、効率よく時間が使えて成果も上がるのです。

これは社内に限ったことではありません。仕事の成果を上げるためには、あなたの応援団である、喜んであなたに使われる人（バトラー）をつくりましょう。

あなたの知識や経験の足りないところを補ってくれる人や、あなたを叱咤激励する人、尊敬できる人や目標とする人、憧れる人など。

初めは、会話すらはばかられる人であっても、根気強く、つかず離れず、先に紹介した「コバンザメの法則」を取り入れて相手の懐に飛び込めばいいのです。

私には10人の頼れるバトラーがいます。

彼らは私のために働いてくれる人であり、無償の愛や思いやりで接してくれる人です。私に全幅の信頼を寄せてくれ、私も彼らの頼みならばスケジュールがどんなにいっぱいであっても、引き受けます。

バトラーは、多ければいいというものではありません。「持ちつ持たれつの関係」を維持し続けられるのは、10人が限界ではないでしょうか。

経営者として右も左も分からなかった私が今まで仕事をしてこられたのは、「10人のバトラー」がいたからだと確信しています。

私のバトラーを紹介します。

①主人

故人ですが、私の心を支え、励ましてくれる永遠のバトラーです。

②恩師

社会人になってから勉強を始めた私を叱咤激励し、今でも相談に乗ってくれる人です。

③経理のプロ

「内部留保」（会社で自由に使えるお金の意味）を人名だと思ったほど経理に疎

い私を支えてくれた人。今でも経理面のアドバイスをいただいています。
④営業戦略のプロ
有名な経営者の彼の著書を読んで、触発された私がファンレターを出したことから始まったつきあいです。
⑤マスコミに精通している友人
私がある夕刊紙の取材を受けたことから始まったつきあいです。マスコミの取材を受けるときの対応や、その後のフォローなど、学ぶことばかりです。
⑥会話のプロ
吃音症で悩んでいた私を暗闇から救ったのは、この人の本でした。お目にかかれるのは年に数回ですが、メールや電話で絶えずやり取りしています。私の講演ビデオをチェックしてくださり、アドバイスもいただいています。
⑦出版業界で母と呼ばせていただいている方
⑧出版業界で父と呼ばせていただいている方
私が著作活動を始めたころに出会いました。いつかこの方々と仕事ができるようになりたいと思い続け、勉強してきたのです。お二人から「いい作品が書ける

ようになったね」と言われる日がくることを願っている私です。
⑨講演業界の大先輩のSさん
⑩マナー講師のAさん
業界の枠を超えて、私の悪いところをはっきり伝えてくれる人たちです。

彼らの見本になるように、尊敬される上司になるように、いい面で彼らを意識することで、私のモチベーションは高まりますし、「忙しい」とか「もうイヤだ」と愚痴を言うこともなくなりました。

あなたにも、ぜひバトラーを使いこなせるようになってほしいものです。

バトラーに愛されるためには、あなたは進化し続けなければいけません。

年齢や経験を重ねただけではダメです。経験をどう知恵にできるか。仕事に自信を持てるようになってもうぬぼれず、かといって謙虚すぎず、傲慢すぎない。

10人のバトラーを持ち続けることは並大抵ではありません。

できる部下は上司を上手に使いこなす

ビジネスチャンスを生むSNS活用術

国内で1億人近くいるネットユーザーのうち、60％以上の人が何らかのSNSを利用していると言われています。

この数字は、見逃せません。仕事に活用しない手はないでしょう。

本書では、他人の頭を借りる。あなたが本来やるべき2割の仕事に集中すれば、自然と回りだす術を解説していますが、その核になるのが、SNSを活用した仕事術なのです。

「えっ？　SNSって、友人同士の連絡やちょっとした気づきをつぶやく場じゃないの？」

「イベントの告知に使うことはあるけれど、仕事に使えるとは思えない」

もしあなたが、そんなふうに考えているのならば、ビジネスチャンスを逃しているといっても、過言ではありません。

しかし周囲を見渡すと、友人との気楽な会話の延長戦として「ツイッター」を利用したり、食べ歩きの報告や趣味で始めた陶芸作品を披露するために「ブログ」や「インスタグラム」に投稿をする。パーティーや仲間との集いなどイベントの告知に、「ファイスブック」を利用するなど。プライベートでしか、SNSを利用していない人が多いことに驚かされます。

「なぜSNSを利用しているのですか？」と問うと、多くの方が、人とつながれる＝ご縁ができることを真っ先にあげます。

でもその先を考えてほしいのです。

人とつながれるということは、いつでもどこにいても、無料で他人の頭を借りられるということ。それこそが、「SNS最大の魅力」なのです。

SNSを有効活用できれば、仕事をフォローしてくれる人が生まれ、自由な時間が増え、あなたはやるべきことに集中でき成果が生まれる。

その成果に魅了され支えてくれる人が増え、あなたは成功の階段を駆け上がっていけるのです。

私は15年ほど前にブログを始め、ツイッター、フェイスブック、フェイスブックページへと、ＳＮＳとのつきあいを広げてきました。

最初は、書籍では表せないプライベートな世界を投稿することで、より私に関心をもっていただき、著作のファンになってもらいたい、講演に足を運んでもらうきっかけになればいい——そんな気持ちから始めました。

当時の投稿は「プライベートのつぶやき」や「食事や仕事の打ち合わせシーンの写真」「ファンの方からいただいたプレゼントへのお礼投稿」「イベントの告知」など。脈絡がなく、どのＳＮＳに何を投稿すれば、多くの方に読んでいただけるのか、考えもしませんでした。

それぞれ、使用感やユーザー数だけではなく年齢層や使用目的も異なるのに、それに見合ったＳＮＳを選ぶことをしなかったのです。

そんな私が、ＳＮＳを活用した仕事術に目覚めたのは、読者の方からＳＮＳを経由して届いたメッセージでした。

「先生、お疲れではありませんか？　お写真を拝見して心配になりご連絡しました。私でお手伝いできることがあればいいのですが……」

投稿した愛犬と戯れる私の写真が疲労困憊しているように見えたのですね。実際、笑顔でごまかしていましたが多忙を極め、満足な睡眠をとれていなかったのを、見抜かれてしまったのです。

「何気なく投稿した写真でも、こんなに気遣ってくださる方がいる、面識のない私に、お手伝いできることがあればいいのですがと、言ってくれるなんて……」

あるときには、「〇〇という雑誌を探しているけれど、１９５０年代の刊行だもの、あるわけないよね」と愚痴半分で投稿したら、

「家にありますよ〜。いらないですから送りましょうか？」

「〇〇というイベントがあるのですが、集客に苦戦しています。助けて〜！　なんて甘えていますかね」と投稿をしたら、その投稿をシェアしてくださる方が続々

現れ、イベント成功へと導いてくれたり。一つの投稿が波及して大きな渦になっていく。

ＳＮＳは人を巻き込む巨大なパワーを持っている。使い方を熟知し活用すれば、読者は、仕事を手伝ってくれる＝仕事の８割を任せる人になり得ると、ＳＮＳの経験を積む中で理解しました。

今では、メールや電話よりも、フェイスブックやフェイスブックページから、執筆や取材、講演依頼など多岐にわたる仕事につながるメッセージが入るようになりました。

またイベントの告知やスタッフを募る際にはブログやツイッター、フェイスブック、フェイスブックページをフル稼働させています。

不思議なもので、面識はなくても、お互いのプロフィールが分かっているので、話が早く決まるのです。

仕事が決まった際には、関わるスタッフとグループを作り、フェイスブックでは、メッセージ機能を使い、仕事の連絡や報告、情報交換などをしています。

SNSにメッセージが入ったときには、スマホ音が鳴る設定にしていますので、即、対応できる。ビジネスチャンスや情報を逃すことがなく、これも嬉しい限りです。

私が知る限り、フリーランスで仕事をしている人や、一人起業、インターネット通販を営んでいる方などの多くが、時代の流れを察知したり、消費者の動向を知る「マーケティング」に、特別なお金をかけず「ブログ」「フェイスブック」「ツイッター」「LINE@」「インスタグラム」の5大SNSを活用しています。

「マーケティングにお金をかけるのは、大企業だけ」

マーケティング会社だって、大企業に「ブログ」や「フェイスブックページ」「ツイッター」「LINE@」「インスタグラム」の5大SNSの充実を提案しているのです。

これまで「SNSに関わるのは面倒くさい」とか「更新が大変だ、続ける自信がない」「忙しいからそんなことをしているヒマがない」なんてあなたが言っていたとしても、考えを改めてほしいのです。

ＳＮＳは、あなたの仕事を充実させる武器になります。

ここで、ＳＮＳそれぞれの特徴をご紹介いたしますので、「無料で他人の頭を借りられる」ということを意識しながら、ご自分の仕事や目的にマッチしたＳＮＳを見つけてください。

●ブログ

長文での投稿ができるため、伝えたいことを、しっかり届けられる、写真や動画を掲載できるのが魅力です。ユーザーの年齢層は幅広く、投稿の公開日時の指定や変更が可能なものが多い。読みたいブログの登録機能によって、ファンの囲い込みもできます。

●フェイスブック（Facebook）

世界最大のＳＮＳであり、ビジネス活用には必要不可欠なメディアです。ユーザーの年齢層が他のＳＮＳと比べると広いため、老若男女問わない情報発信、情報共有が可能です。

また基本は実名制であるため、信頼性が高いことも人気要素。

企業や団体などの利用も多く、「フェイスブックページ」という専用のページを開設すれば、利用者の属性別に広告を打つこともできます。

実際、新商品情報やイベント等を定期的に告知してファンを増やし、潜在顧客に対して自社製品を売り込む企業が増え続けています。

魅力的なのは、ユーザーが良いと思った記事をワンタッチで自分の友人に周知できる「シェア」機能です。

●ツイッター（Twitter）

「ツイート」と呼ばれる文字制限のある投稿が時系列に表示される、リアルタイム性が高いメディアで、国内では、月間1200万人が利用しています。

匿名でアカウントを作成することができ、複数のアカウントを保持することも容易なために、非常に炎上しやすい反面、爆発的な拡散力もあります。

また「＃（ハッシュタグ）」という機能を使用することで、自分の投稿が何に関するものかをアピールし、検索に引っかかりやすくすることが可能です。メインユーザーは30代以下ですから、若年層への情報発信や、流行のリサーチに適しています。

フォロー、リフォローが気軽にできるのが魅力です。

●ＬＩＮＥ＠

プライベートで利用する「ＬＩＮＥ」とは別です。

拡散性は低めで、年齢層は若年層の割合が高く、店舗やウェブページから「友だち」としてつながり、メルマガやクーポン配信ができるため、顧客との親密性を高めることができます。

●インスタグラム（Instagram）

写真に特化したスマートフォン用ＳＮＳ。

国内のユーザーは月８１０万人で、10〜30代の女性ユーザーがメインです。「お洒落・綺麗・可愛い」が、彼女たちの関心を向けさせる3大要素で、画像を通した双方向でのコミュニケーションが行われます。

拡散性が高くないため、炎上の可能性が低いツール。

ツイッター同様、「＃」を使用して、自分の投稿が何に関するものかをアピールし、検索に引っかかりやすくすることができます。

これらＳＮＳの特徴をふまえ、メリットとデメリットを見比べながら仕事への導入を検討してください。

すでにＳＮＳを活用している方は、組み合わせや投稿内容などを見直しましょう。

ＳＮＳを有効活用できれば、仕事をフォローしてくれる人が生まれ、自由な時間が増え、あなたはやるべきことに集中でき成果が生まれるのです。

☆参考～目的別ＳＮＳ組み合わせ例～☆

●同じ業界で働く人と情報交換をしたい
ブログ＋フェイスブック

●地方支社にいる会社の同期と仕事の連絡を密にしたい
ツイッター

●起業に備えて人脈を構築したい
ブログ＋フェイスブック

●優良な顧客と交流を深めたい

ＬＩＮＥ＠

●イベントの集客をしたい
ツイッター＋フェイスブック

●新商品の情報をリアルタイムで発信、お得なクーポンも発行したい
ＬＩＮＥ＠

●デザイナーなので、作品を発表したい
インスタグラム

●美容師なので、スタイリングの提案をしたい
インスタグラム

ＳＮＳ活用で、お金をかけずに他人の頭を借りられる

SNSで消費者を巻き込むマーケティング戦略

今や、多くの企業がSNSを有効活用して消費者にアピールをしています。

たとえば日本マクドナルドでは、2016年2月に、同社初の試みとして消費者にハンバーガーの正式名称を公募したキャンペーンを、SNSを活用して展開。約500万通もの応募があったことからも、いかに消費者に訴求できたかが頷《うなず》けます。

グランプリ受賞者には、「バーガー100年分」として約140万円の賞金がプレゼントされるのも話題になりましたが、名前募集バーガーの名前が「北のいいとこ牛（ぎゅ）っとバーガー」に決まったというニュースは、SNSやネットニュースだけでなく新聞などにも取り上げられ、拡散。

このキャンペーンをきっかけに、足を運ぶようになった人、噂を聞きつけ店舗に向かった主婦層や中高年客など。期限切れの鶏肉使用など品質問題に伴う客離れに歯止めをかける一役を担ったといえるでしょう。

日本コカ・コーラ株式会社では、2018年3月にツイッター限定で、1000名にパティシエ辻口博啓氏のスイーツブランド「スーパースイーツ」のプレミアム焼き菓子ギフトがその場で当たる「#リボンボトルtwitterくじ」を展開したり、同社ライン公式アカウントと友だちになれば、限定ラインスタンプがもらえるなど。

消費者を巻き込むマーケティング戦略を、次々に行っています。

これは大企業や商品やサービスを提供する、一般企業だけの動きではありません。

私が観光宣伝大使を務める熱海市の「来宮《きのみや》神社」は、来福・縁起の神として古くから信仰を集めていますが、実は近年、インスタグラムを活用して参拝者とのご縁をつなぐ取り組みをしています。(#来宮神社)。

そのために国指定天然記念物に選定されている樹齢2千年を超える来宮神社の

ご神木「大楠」が綺麗に撮影できる所や、本殿を望む場所、参道、社務所前など、境内のいたるところに自撮りやオート撮影もできるように、来宮神社と鳥居のマークを記した「スマホ台」を設置。

「インスタ映え」を狙う若者にアピールする工夫をしています。

来宮神社の記念写真をインスタにアップしてもらう戦略は、まさしく人を巻き込む好例といえるでしょう。

結果、参拝者は増える一方。

若い女性をターゲットにした、可愛いお守りやおみくじなどのグッズ販売は好調ですし、境内にある茶寮では、来宮神社の神様の好物である「むぎこがし」「ゆりね」「だいだい」「ところ」を使った新商品を開発する「来福プロジェクト」による様々なお菓子や「来福スウィーツ」を提供し、平日でも参拝者で栄えています。

SNSとは、一線を画すように思える神社とインスタグラムですが、見事に活用して成果を出しているのです。

あなたならば、もっと自由にSNSを活用できるのではありませんか？
いつでもどこにいても、無料で情報を発信できるのが、SNS。
それを見た数多の人があなたに、何らかのアクションを起こす。
そのアクションに、あなたが、こたえる。
そんな循環によって、他人の頭を借りる仕組みが構築されます。

SNSを活用して、消費者やお客を巻き込んでビジネスチャンスをつかもう

クラウドファンディングで人の応援をもらう

「クラウドファンディング」とは、「こんなモノやサービスを作りたい」とか「世の中の問題を、こんな形で解決したい」といったアイデアやプロジェクトを持つ起案者が、専用のインターネットサイトを通じて、世の中に呼びかけ共感した人から広く資金を集める方法。幅広い分野で、活用されています。

新しいテクノロジーを使った商品開発や、映画製作や書籍の出版、ゲームやアプリの開発やアーティストのＣＤ制作やライブ活動の運営、地方創生のための事業展開、伝統工芸品の制作や建築物の改修、先進医療の研究、企業の運転資金調達から、貧困層への自立支援など。

資金や支援者への特典（リターン）のやり方によって、４つのタイプに分類されます。

● 寄付　集めた資金は、全額寄付に回し特典はない
● 投資　出資者がプロジェクトの利益から配当を受け取る
● 融資　出資者が利子という形で、一定の特典を得る
● 購入　出資者はお返しとしてモノやサービス、権利などを受け取る

これらの中でも、「購入型」の参入数が最も多く、中小企業が資金調達に採用しているケースが増え、急成長を遂げています。

実は、2017年、私は購入型の「クラウドファンディング」で毒親の実態を描く自伝マンガ制作のプロジェクトを立ち上げました。

なぜならば、私自身、毒親に育てられた過去を持つからです。

家庭という逃げ場のない空間で繰り返される、実の母親からの陰湿な暴力や暴言は、後を絶ちません。育児放棄や無視、両親からのパワーハラスメントなど。理不尽ないじめは、昨今、社会問題になっています。

しかし当事者意識を持つ方は少なく、もっと考えてほしいと思ったのです。

あなたの隣にも悩んでいる人はいる。

毒親に育てられた子どもは毒親になる可能性が高いことを。


当初は、著作で訴えようと考えましたが、マンガのほうがリアルに伝わる。それも企画を出版社に持ち込むよりも、クラウドファンディングを選び起案をして、毒親の実態を実施期間中に何度もプラットホームにつづり、社会の反応を見ながら出資を募ったほうが、たとえ目標額に達することができずマンガ化がかなわなくても、問題提起はできる。

そう決め、目標調達資金は100万円。プロジェクトの運営期間は50日、出資は500円から30万円まで、リターン品もそれぞれ決めました。

そして日頃、投稿や情報共有しているSNSで事前に告知、クラウドファンディングのプラットホームに誘導したり、SNSでのお友達にシェアをお願いする。SNSでやりとりはできても、近隣に住んでいる方には、自伝マンガ「お母さん、あなたを殺してもいいですか？」プロジェクトの内容を記載したパンフレットを持参して、出資のお願いに直接伺いましたし、知り合いの居酒屋さんは出資を約束してくださっただけでなく、パンフレットを店に貼ってお客様にさりげなくアピールもしてくださいました。

「クラウドファンディング」を始める前は、目標額に達しなくても問題提起はできると思っていたのですが、フタを開けてみると、10日間で目標額を達成。

顔も知らないSNSで知り合っただけの人が出資をしてくれる。率先して広報をしてくれる。お給料相当の大金を出資してくださる人がいたり。

友人からプロジェクトを知ったが、SNSとは無縁でインターネットはできないという人からは、現金書留が送られてくる……。

驚きと感激のうちにプロジェクトは終わり、2018年1月8日に、インターネットで自伝マンガが公開されたのです（「お母さん、あなたを殺してもいいですか？」https://curazy.com/archives/200960）。

私だから目標金額を達成できたとは思いません。はるかに著名な方でも、失敗する方はいます。

それは、ＳＮＳでつながっている人を、甘くみているからではないでしょうか？

自分はある程度有名だから、ちょっとだけ情報開示すれば、出資者は自然と集まる、リターン品に魅力があるから大丈夫だと。

ＳＮＳでつながった人でも、会える人には直接頼む。

クラウドファンディングで成功する人と失敗する人の差は、そこにあると思います。

クラウドファンディングは、個人、中小企業、ベンチャー企業にとって新たな資金調達や運用手段であることに加え、マーケティング手段として可能性が拡大しています。

クラウドファンディングで人の応援をもらうのは、もう特別なことではないのです。

クランドファンディングは、お金はないけれどアイデアがある人の強い味方！

第5章

最短で最大の成果を上げる自分マネジメント術

――「時間」「お金」「情報」「人脈」の密度を高めるコツ

自分の「時間価値」以上の仕事をしてレベルアップする

「時間価値」という言葉に馴染みのない方もいらっしゃるでしょう。

「時間価値」とは、1時間あたりどれだけ会社から収入を得ているかを算出するもの。給料を1カ月あたりの総労働時間で割って計算します。

たとえば月給30万円の人が、1日8時間、20日働くとすると、30万円÷160時間で1875円となり、それがあなたの「時間価値」ということになります。

学生時代にアルバイトをしていたときには、時給いくらという感覚はありますが、社会人となって何年もたつと、時給の感覚は薄れ、自分は1時間あたりどれだけのお金を会社からいただいているのか、それに見合った仕事をしているか、などと考えることはまずないでしょう。

先の例ですと、1時間集中して仕事をしていても1875円。仕事と称して、

1時間ネットサーフィンをしていても1875円のお金を会社からいただいているのです。

しかし、今まで繰り返し説明したように、どのように働くかを考えないと、一生あなたは目の前の仕事に追われ、本当にやりたい仕事を見つけることができず、見つけられたとしても実行することなどできないでしょう。

そんな毎日と手を切るために私が提案したいのが、**「時間価値を理解して仕事をする」**こと。計算によって導かれた数字に見合った働きをしているかを、徹底的に検証するのです。

あなたの時間価値を計算してみましょう。その数字を見て、あなたはどう感じますか。

◎「集中して仕事をしているから時間価値なんて出さなくても……」

➡自己満足ではないでしょうか？　客観的に見てあなたの仕事は会社の役に立っていますか？

◎「私の時間価値は3000円、それぐらいは仕事をしているよ」

⬇時間価値が3000円ならば、3000円の仕事では役に立っているとは言えません。あなたにかかる経費はどれだけか知っていますか？　オフィスに座っているだけでも経費はかかるのです。

◎「時間価値の高い人は、面倒な仕事をしなくてもいいってことか……」

⬇これは困った解釈です。

時間価値とは、自分が仕事をするうえで最低でもこれだけのコストがかかっているからこそ、算出された数字（お金）以上の見返りがもたらされる仕事をしなければいけない。それも最短、最小の労力で。

時間価値は、知恵を絞って仕事をしなければいけないと、自分を鼓舞させる指標なのです。

ですから、面倒な仕事は自分よりも時間価値の低い人に任せる、といった単純な発想ではなく、他の人にでもできる仕事はできる限り人に任せて、その分だけ新たな一段上の仕事に時間とエネルギーを費やす。

常に「時間価値以上の仕事をするのだ」と考えなければいけません。

そのためには、あなたが本来やるべき20％の仕事に力を傾けるのはもちろんですが、「迂回生産の発想」を仕事に取り入れてみましょう。

「迂回生産」とは、機械や設備など生産手段になるものをまずつくり、それを利用して製品を生産する方法です。

仕事に置き換えれば、今の忙しさに少し目をつぶり、仕事を任せる人を教育したり、指導することに時間を割く。自分が処理したほうが仕事は早く片づくのは分かっていても手を出さない。そのほうが、遠回りのようでも結果的に、安心して仕事を任せられる人ができ、あなたの忙しさは激減するのです。

自分の時間価値を知り、「ただ動き回っているだけで会社の役に立っていない」「もらいすぎだ」と感じた人は、「迂回生産の発想」を取り入れましょう。

「時間価値に見合った仕事をしている」と、胸を張れる人なら、すでに「迂回生産の発想」を実行されているはず。

あとは、仕事を任せた人の進捗状況を確認し、その人のレベルを上げていく。任せる人にも「時間価値」を理解させながら。

そうすることで、仕事を任された人も、やるべきことを見極める目や優先順位のつけ方などが自然に身につき、評価が上がり、あなた自身の評価も上がっていく。

躍起になって目の前の仕事を処理しているよりも、数倍早く、確実にあなたの年収も上がっていくのです。

この迂回生産方式を活用して、年収を3倍以上にした男性がいます。

彼はハードワーカーの見本のような人であり、仕事を断れない人でした。「頑張ります」「一生懸命やります」が口ぐせで、「時間がない」「疲れた」とは口が裂けても言わない。

そんな彼でしたから上司の受けもよく「彼に仕事を任せればうまくいく」と、仕事は増える一方だったのです。

そんな折、持病の腎臓病が悪化し、ムリができない状況になりました。

目の前には片づけなければいけない仕事が山積みです。

彼は体がダメになっても仕事を片づけようと思ったそうです。

しかし、このままでは状況は変わらないと、絶対に自分でやらなくてはいけない仕事を残し、あとの仕事は全て人に任せる決断をしました。

任せる人を選び、納得させ、実行させる。進捗状況を確認し、ほめて育てる。迂回生産方式を実行する過程では、自分で仕事を片づけようと思ったことが何度もあったそうです。

「そんなに時間をかけるよりも、お前がやれ」と上司に言われたこともあると聞きます。

紆余曲折を経て、1年後、彼はその指導力と実績を買われて、30代ながら管理職に抜擢されました。いまや、同期入社の人の3倍の年収を取る、会社にとって欠かせない人材となったのです。

彼は、「病気になったおかげで、仕事を人に任せることができるようになった」「いちばん時間をムダ遣いしていたのは自分だった」とも語っています。

時間価値を理解すれば、あなたの時間を食いつぶしているものが分かる

情報は、捨てることを前提に集める

本書のような本に興味を持っている方なら、すでに時間管理や時間活用は得意のはずです。やるべきことのリストも難なくつくれるでしょうし、優先順位の選び方も知っています。

それでも一日に終えるべき仕事が終わらないのは、無意識に時間を費やしてしまう作業があるからです。

なかでも、情報に翻弄《ほんろう》されている人が多いのではないでしょうか。

あるデータによると、この30年間で世界がつくり出した情報の量は、それ以前の5000年間につくり出された情報量よりも多いといいます。

いまや、入手可能な情報の量は半端ではありません。

けれども、それを全部分析していたらいくら時間があっても足りませんし、価値ある情報を持っていても使えないのならば宝の持ち腐れです。

私の知る限り、成功している人は、他の人に比べて効率よく情報を入手し、活用しています。彼らは人生を成功に導くための新しいアイディアに出会う確率が、いかに自分が新しい情報に触れているか、その絶対量によって変わってくることを知っているのです。

たった一つの新しい情報で人生が変わることを、私も何度も経験してきました。経営難にあえいでいた会社を立ち直らせるきっかけになった「パワーリングネオ」（男性機能補助具）の開発のヒントは新聞の家庭欄にあった小さなコラムでした。

さらに自社の商品の紛《まが》い物が横行したときに、それらを一掃できたのは週刊誌に載っていたある経営者のインタビュー記事がきっかけでした。

仕事や人生の転機は、自分の考えと新しい考えがぶつかるときに起こるもの。

だからこそ、日ごろから新しい情報に触れる機会を積極的に求めている人たちは、他の人よりもチャンスを手にすることができるのです。

どんなことでも成功の確率を上げるには、情報に触れる機会を増やすことです。ただし、情報は捨てることを前提に収集するべきです。

ここで、私の情報入手の方法をご紹介しましょう。

①1日に少なくとも1時間は仕事に直接関係する専門分野の本を読む

私の場合ですと、商品開発に必要な知識を得るための健康や美容、食事や栄養、漢方や民間療法などの専門書。経営コンサルタントとしての知識を得るためには、経理や財務関係の書籍。著者としての仕事に役立たせるために、文章作法や正しい日本語の使い方など、多岐にわたっています。

効率よく専門書を読むには、必要な情報のキーワードを常に意識すること。

たとえば、健康に関する情報を入手する場合でも、キーワードが「健康」では広すぎますから、「メタボリック」「花粉症」などと、今、最も関心が高いキーワードを意識します。

私たちの脳は、そのときの状況に即座に関連し、適用できるものだけを記憶するメカニズムになっていて、どんなに興味の湧くことでも、現在の仕事や生活に関連しなかったり、とくに応用するあてがない情報は、記憶の外に追い出してしまうものなのです。

ですから、キーワードを意識しないで情報を入手することは時間のムダに他なりません。

また、情報の洪水に知識の整理ができなくなる心配もあります。

今の仕事に関連しないものを読むことによって、役に立つかもしれない情報を読み損なっている可能性もあるのです。

②移動時間にはラジオやオーディオブックを活用する

電車や車の中では、ラジオで情報番組を聴く。参考にしたい経営者のオーディオ教材を聴く。ニュースも移動時間にチェックします。

③雑誌や業界誌、新聞などの情報は、読むのではなく見る意識で

仕事に関係する雑誌や、ビジネス出版物の類はできる限り購読しています。お金を惜しんでいたら、何年分もの仕事に出会えるチャンスを失うかもしれないからです。

ただし、重要なものとそうでないものを見分ける術を身につけること。

私は雑誌や新聞は、最初から順番通りに読むことはしません。まず目次を見て、興味の湧く記事や仕事にすぐに役立つと思われる記述を選んで、そこから読みます。

じっくり読むのではなく、見る感覚です。

気になるものは破って、あとで読むようにすることもありますが、きれいにファイルすることはありません。とくに雑誌類の情報は鮮度が命です。

すぐに仕事に取り入れなければ、ファイルしたところで、その情報は古くて役に立たないものになります。几帳面な人は気をつけて欲しいのですが、ファイル作りが仕事になってしまうことほどバカげたことはありません。

役に立たないと判断すれば、一切読まない（見ない）記事があって構いません。

そして、読み終わった雑誌類は、即座に処分しています。

④ビジネス書を1日1冊は読む

ビジネス書は、その道のプロの経験や知識が即座に得られる最強の家庭教師。1400~1500円程度の出費で、私が何年かかっても経験できない、答えが導けないことも即座に教えてくれる最高の先生です。

私の周囲にいる仕事ができる人や成功者といわれる人たちは、実に多くのビジネス書を読み、そのマネをしています。

自分一人の知恵では、何十年かかっても完成できないと思われる仕事であっても、ビジネス書を参考にして、悠々と完成させる。

忙しいからビジネス書なんて読む時間がないという人は、ビジネス書を読まないから時間に追われているのではないでしょうか。

私がビジネス書を選ぶ基準ですが、業界の第一線で活躍している人の著書であることが第一条件。

興味を持った本は、著者の略歴を見て、どんな業績があるか、どこで働いてきたのか、どんな経験をしてきたのか。自分の仕事と同じ業界で輝かしい実績を上げてきた人の本を選びます。

実用的な内容であるか、具体例が豊富であるか、目次もチェックします。

大学教授や評論家が書いた本は、論理的には間違ってはいませんが、わずかな例外を除いて、仕事には役立たない観念や評論にとどまっていることが多く、あまりお勧めはできません。

⑤速読法を生活に取り入れる

知りたい情報のキーワードを意識して読むだけでも、速く確実に本を読んだり、書類に目を通すことができます。

ノンフィクションやビジネス書の場合には、初めに表紙や裏表紙などから著者や本の重要な情報を知り、目次に移ります。興味のあるところを探し、ページをめくりながら本の全体像をつかみます。各章の見出しやレイアウト、イラストやデータなども把握します。

これだけですと10分もあれば十分。

次に先の作業で気になった記述から読みます。また、本文中に太字になっている文章はとくに著者が訴えたいところですから、気をつけて読み進めましょう。

ここまでのステップを踏んで、読むに値するなと判断した本のみを1ページずつすばやく読んでいきます。

このとき、気づいたことは本に直接書き込みをしたり、マークしたり。

本は汚しながら読むのが私のやり方です。

⑥高額セミナーやパーティーに参加して刺激を受ける

豊富な経験や素晴らしい業績のある人のセミナーや勉強会、講演会には積極的に参加します。講演者が何十年もかかって学んできたことの要点が本人の口から語られる。そういった場所に足を運ぶことは、何年もの仕事の手間や時間を省けることになるのです。ただし、できる限り高額のセミナーであること。

一部の例外を除けば、無料セミナーや安価な講演会には、安く、手っ取り早く情報を入手しよう、商売になる人を探そうと参加している魑魅魍魎《ちみもうりょう》が多いのです。パーティーならば、なおさらその傾向が強くなります。

仕事ができる人になりたければ、その他大勢が集まるような場所に頻繁に出入りするよりも、トップの人たちが集まるような場所に絞って参加したほうが、時間も労力も省けるうえに、素晴らしい気づきや刺激を受けます。

⑦ため込みぐせに注意する

紙類もそうですが、パソコンにため込みぐせをつけないように、スキマ時間に頻繁に掃除をしています。複数のファイルや古い資料、使用していない情報、ソフトウエアなどは削除し、めったに使わないファイルも削除しています。

メールは読んだら、不要なものは即、削除。返信が必要なメールは、緊急を要するもの以外は返事を作成しても、一晩寝かしてから送信しています。これは勘違いや思い込みによる間違った表記を防ぐための策です。

それができないときには受信トレイに残さず、別のフォルダ（仕事用フォルダ）へ移動機能を使って、移しておきます。

仕事の生産性を低下させる最たるものは、メールではないでしょうか。

ことに休み明け、会社のパソコンにたまったメールの処理には頭を抱えている人が多いと思います。多量のメールの中に大切な情報が埋もれないように、メールソフトの機能を上手に使って能率をあげること。

メールの削除作業が休み明けの恒例行事になっている人は改善したいものです。

仕事ができる人になるには、多くの情報に触れることが重要であると、誰もが理解しています。情報を注意深く追いかけることはトップに立つためには欠かせない仕事です。

その半面、「これも必要、あれも必要」と、情報を抱え込んでいないでしょうか。オフィスや自宅には本や雑誌の山ができ、机の中は書類で溢れ返り、パソコンにはメールやデータがいっぱい……。

それらを片づけるために長い時間かけて掃除をし、新たな棚を用意する。「いつか使える」「そのうち使う」とため込んだ情報のために時間や労力のムダ遣いをする。

しかしいつか、そのうちに、と考える情報の99・9％に出番などないのです。

自分なりのルールを決めて情報は捨てましょう。

そうでないと、あなたの想像力や発想力の芽は情報の洪水の中でしぼんでしまいます。

情報は未来を切り開く鍵にもなるが、足かせにもなる

ＳＮＳを「使い分け」て、自分が欲しい情報を厳選する

情報収集にＳＮＳを活用している人も多いでしょう。

私が考えるＳＮＳの魅力は２つ。

一つは、先に紹介した、人とつながれること、もう一つは自分が欲しい情報を、効率よく入手できることです。


これまで、情報を得たいときには、「キーワード」を検索エンジンに打ち込み探すことが普通でしたが、これでは不要な周辺情報まで大量にピックアップされてしまいます。そこから、選択する手間がかかりました。

しかしＳＮＳでは、友達や各界の著名人たちが発信している情報を直接得ることができます。

たとえば、フェイスブックは、実名で本人の顔や職業や会社名などのプロフィールも表示されている場合が多いので、匿名が多い他のSNSに比べ誤報やデマカセが少なく、タイムライン上の情報も信頼性が高いといえます。

そこを理解しているからフェイスブックページに力を注ぐ企業も多く、普段手に入りにくい最新情報やお得な話も積極的に発信。

それを、フォローするだけで、自然と情報を得られるようになります。

匿名性の高いツイッターには即時性の高い情報が多く、タイムラインの流れも速い。30代以下の若者が多く、トレンドにも敏感になれる。

リツイートされているものも多いため、情報を整理する必要はありますが、トレンドをすぐに知ることができます。

FBは「ドキュメンタリー番組」、ツイッターは「情報番組」のような感覚で、私は日々接しています。

情報収集の目的に合わせてSNSを使い分けよう

「いつも同じ顔ぶれ」とつきあわない

多くの人は、「友達を大切にしなさい」と子供のころから教え込まれてきたと思います。心を開いて通じ合える友達がいることで救われてきた経験は誰でもあるのではないでしょうか。

小学生のころ、吃音症だった私はいじめっ子の絶好の標的でした。人前に出ると、口ごもり顔が赤らみ、体が震える私に、「おしっこに行きたいのか?」「シーシー」と、いじめっ子は囃し立てました。

私は反発したくても、仕返しが怖くてできません。ただ震えるばかりだった私をいつもかばってくれたのは、親友のE子さんでした。

体も大きく大人びた彼女は、「あんたたち、地獄へ落ちるよ」「閻魔さんに舌を抜かれるよ」とすごんでくれました。

E子さんの存在があったから、何とか学校に通えたのです。彼女にはどれだけ救われたか分かりません。

それほど信頼し、仲がよかった彼女ですが、別の中学校に入学すると、顔を合わせる機会が減って、高校を卒業するころには、街ですれ違えば挨拶する程度。だんだん疎遠になっていって、今となってはどこで暮らしているのかも分かりません。

これは私に限ったことではないと思います。子供のころの友人関係が社会人になっても、そのまま続いている人のほうが少ないのではないでしょうか。

子供のころには、家庭と学校という限られた世界の中で生活していますが、成長する過程でさまざまな人と出会い、学校や家庭以外の世界を知ります。

そこには、多くの気づきがあって、刺激を受ける人や物や事ばかり。それまでの自分を脱ぎ捨て、新しい世界に飛び込んだりして変化を求めるのが成長の表れです。ですから、つきあう相手の顔ぶれが変わっていって当然なのです。

人は環境に応じていかようにも変わるもの。あなたが「変化」を求めなくても、相手は変わっていくのです。

また、あなたが周囲の人に何となく違和感を覚えるのならば、あなたのほうが成長している証拠であり、今いる場所は、もはやあなたにふさわしい場所ではないのです。

友人の顔ぶれが、若いころと少しも変わらない。遊びに出かけるのは、いつも同じメンバー。

あなたはどうでしょうか？

慣れ親しんだ友人や知人は、あなたが愚痴をこぼしても受け流してくれる優しい人たちでしょうし、慰めてくれるかもしれません。

優しい人たちに守られていれば、ラクなことこの上ありません。

言葉に出さなくても心が通じている。親子以上の関係だから、彼らは絶対に私を裏切らない。そう考えるも分かりますが、人づきあいに絶対なんてありえません。親しいからこそ、お互いにわがままになるのです。

あなたが成長したい、成功したいと声に出したとき、「応援するよ」とあなたの周囲にいる知人や友人は言ってくれるでしょうか。

もちろん、誰もが最初は応援すると言ってくれます。しかし、いざ、あなたが自分よりも少しでも成長し、成功を収めれば、内心穏やかではありません。あなたの成長に待ったをかけるのは、友人や知人など周囲にいる人たちでもあるのです。

つきあう相手を厳選し、あなたの成長に役に立たない友人や、一緒に成長できない人、顔で笑って心ではあなたの足を引っ張る人、裏で悪口を言う人など、つまらない相手と縁を切らなければ、あなたの才能は磨かれません。

同じレベルの人同士のつきあいは、気軽で居心地のいいものです。

しかし、友人や知人の顔ぶれが何年も変わらないことに疑問を持たないとしたら、問題意識が低い証拠。

人づきあいや仕事の進め方、将来への展望、夢……。あなたは明確に考えて行動しているようでいて、どこかブレている可能性もあります。

あなたの成長の妨げとなる人間関係はリセットしよう

「動いた失敗」より「動かない失敗」が問題

人材、資金、情報……。全てが揃わないとエンジンがかからない、やる気が出ないと言う人がいます。

新しい事業や企画を始めるときには誰でもリスクを恐れて慎重になるものですが、石橋を叩いて渡る的な仕事の進め方が習慣になっていては、会社やお客様に好かれる有能な人にはなれません。

私たちにとって、一番足りないのは時間。誰もが時間がない、時間がほしいと自覚しているからこそ、自分の時間を少しでも節約してくれる人には高い評価を下し、お金を払うのです。

拙速だとか、短気だとか、すばやい行動をとる人を何かと批判する向きもありますが、経営者の立場に立ってみれば、批判するのは的が外れていると気づくでしょう。

経営者は、時間を節約して成果を出す人や、対応の早い業者を高く評価しますし、テキパキと行動する人を、ゆっくり行動する人よりも知的と捉えて、重要な仕事を任せようと考えるものなのです。

仕事を速く処理する能力こそが、成功への掛け橋といえる、誰からも信頼されるポイントなのです。

仕事が速くて頼りになると評判になれば、昇進も昇給もスムーズです。やりたい仕事を自由にできる環境も整い、思い通りの人生を歩めることになります。


完璧主義は、仕事を先延ばしにし、言い訳や言い逃れといった非生産的な行為を生み出す元凶になります。

また、目標が明確でない人も、動き出すまでに時間がかかります。

全ての行動には動機づけが必要であって、今、自分が取り組んでいることにやりがいが感じられなければ、目標を達成することなど夢物語。当然ながら、そのことを成し遂げたときの姿を想像することもないでしょう。

明確で具体的な目標がなければ、人は動けないのです。

私は、動いた失敗よりも動かない失敗に目を向けるようにしてきました。

動かない失敗とは、「こうしよう、ああしよう」「でも、失敗するかもしれない」「やめよう」と、思いを巡らせるだけで、何も行動しないことです。

これらは想像の世界ですから、経験という財産が残りません。

動いた失敗ならば、何が悪かったのか反省するべき点を検証すれば次につながりますが、動かない失敗は、後悔しか残らないのです。

忙しがりやの仕事ができない人に限って、すぐ行動する人を「仕事で大事なのは速さじゃないよ」と言いますが、彼らが見事に仕事を成功させると、「私も同じことを考えていた」とか、「私のほうが先にやろうと思っていた」と負け惜しみを言うのです。

私は不安や心配がある仕事に向かうときには、萎えそうな心を奮い立たせるために、「話半分で行動する」ことを徹底してきました。

「話半分で行動する」とは、人の話を聞かないことではありません。あれこれ考えても動かなければ何も変わらない。だからこそ、動いて検証しよう。人の話の真意をくみ取り、自分の考えを形にする。一つの結論が出たら、言い訳をせず、すぐに動くことです。

意欲・満足感・潜在意識の活性化など、目には見えませんが、動かないでいるために失うものは大きいのです。

どんなに素晴らしいアイディアも、頭の中にしまっておいては実現不可能。全ての環境が整うまで動かなければ、速いテンポで行動し続ける人においしいところを取られてしまいます。

リスクを怖がって動かないよりも、行動しながら考え、経験しながら軌道修正をしていきましょう。そのほうが数倍も成功に近づくのです。

これは私の経験則であり、私の周囲にいる成功者たちに共通する法則でもあります。

成功する人は〝話半分〟の時点から速いテンポで行動する

本書は、２００８年小社より四六判で刊行された『仕事の８割は人に任せなさい』を文庫化にあたって改題のうえ、大幅に加筆修正・再編集したものです。

青春文庫

短《みじか》い時間《じかん》で面白《おもしろ》いほど結果《けっか》が出《で》る！

他人《ひと》の頭《あたま》を借《か》りる超仕事術《ちょうしごとじゅつ》

2018年12月20日　第1刷

著　者　臼井由妃《うすいゆき》

発行者　小澤源太郎

責任編集　株式会社プライム涌光

発行所　株式会社青春出版社

〒162-0056　東京都新宿区若松町 12-1
電話 03-3203-2850（編集部）
03-3207-1916（営業部）
振替番号　00190-7-98602

印刷／大日本印刷
製本／ナショナル製本
ISBN 978-4-413-09711-6

ほんとうのあなたに出逢う　青春文庫

知らないとつまずく
大人の常識力

話題の達人倶楽部［編］

マナー、しきたり、モノの言い方から、食の作法、気配りのコツまで、これだけで人間関係は驚くほど〝なめらか〟になる

(SE-708)

政治・経済・外交・文化
4つのテーマで読み直す
日本史の顛末

瀧音能之

〝教養のツボ〟が流れでつながる大人のための集中講義。「きっかけ」と「それから」がわかると歴史は100倍面白くなる！

(SE-709)

結局、「すぐやる人」がすべてを手に入れる

藤由達藏

先延ばし、先送りグセがある。ギリギリにならないと動けない。考えすぎてチャンスを逃す…そんな自分を抜け出すには10秒あればいい！

(SE-710)

短い時間で面白いほど結果が出る！
他人の頭を借りる
超仕事術

臼井由妃

仕事の2割に集中すると、あとは勝手にまわりだす！　人を巻き込むほど大きなチャンスが生まれるヒント

(SE-711)